AF602626

DE

LA CONTRAINTE PAR CORPS

En Matière criminelle.

UNIVERSITÉ DE TOULOUSE — FACULTÉ DE DROIT

DE

LA CONTRAINTE PAR CORPS

En Matière criminelle.

THÈSE POUR LE DOCTORAT

PAR

G. DUBERNET DE BOSCQ

TOULOUSE
IMPRIMERIE SAINT-CYPRIEN
27, ALLÉES DE GARONNE, 27
—
1900

FACULTÉ DE DROIT DE TOULOUSE

MM. PAGET, ✻, Doyen, professeur de Droit romain.
DELOUME, ✻, professeur de Droit romain.
CAMPISTRON, professeur de Droit civil.
WALLON, professeur de Droit civil.
BRESSOLLES, professeur de Procédure civile.
VIDAL, professeur de Droit criminel.
HAURIOU, professeur de Droit administratif.
BRISSAUD, professeur d'Histoire générale du Droit.
ROUARD DE CARD, professeur de Droit civil.
MÉRIGNHAC, professeur de Droit international public et privé.
TIMBAL, professeur de Droit constitutionnel.
DESPIAU, professeur de Législation française des finances et de Législation et Économie industrielles.
HOUQUES-FOURCADE, professeur d'Économie politique.
FRAISSAINGEA, professeur de Droit commercial.
MARIA, agrégé, chargé des Cours d'histoire du Droit public français et histoire des doctrines économiques.
GHEUSI, agrégé, chargé des Cours de Droit Maritime et de Droit Civil comparé.
HABERT, secrétaire.
HUC, ✻, professeur honoraire.
POUBELLE, O. ✻, professeur honoraire.

Président de la Thèse : M. VIDAL.

Suffragants { MM. WALLON.
GHEUSI.

La Faculté n'entend approuver ni désapprouver les opinions particulières du candidat.

Bibliographie

Annuaire de législation étrangère. Années 1872, 1874, 1875, 1877, 1879, 1880, 1881, 1888.

AUBRY et RAU, *Cours de Droit civil français*, 4e édition, tome 8.

BAYLE MOUILLARD, *De l'emprisonnement pour dettes*, 1836.

BLANCHE, *Etudes pratiques sur le Code pénal*, 1861, tome 1.

BONNEVILLE DE MARSANGY, *De l'amélioration de la loi criminelle*, 1864.

BONNEVILLE DE MARSANGY, *Institutions complémentaires du système pénitentiaire*, 1847.

CARRÉ et CHAUVEAU, *Lois de la procédure civile et commerciale*, 1880-1888, tome 6.

CHAUVEAU et HÉLIE, *Théorie du Code pénal*, 4e édition, 1861, tome 1.

Congrès pénitentiaire de Rome, 1885 (*Actes du*).

Congrès pénitentiaire international de Paris, 1895 (*Actes du*).

DALLOZ, *Répertoire* et *Supplément au répertoire*, Vo Contrainte par corps.

DARBOIS, *Traité théorique et pratique de la contrainte*

par corps en matière criminelle, correctionnelle et de simple police, 1880.

DEMANTE et COLMET DE SANTERRE, *Cours analytique de Code civil*, 1881-95, tome 5.

DEMOGUE, *De la réparation civile des délits*, 1898.

DEMOLOMBE, *Cours de Code Napoléon*, tome 28.

DUTRUC, *Mémorial du ministère public*, 1871, tome 1. V° Contrainte par corps.

GARRAUD, *Traité théorique et pratique du droit pénal français*, 1888-1894, tome 2.

GARSONNET, *Traité théorique et pratique de procédure*, 1882-1897, tome 4.

GILLET et DEMOLY, *Analyse des circulaires et instructions émanées du Ministère de la Justice*, 1876.

GUYOT et PUTON, *Contrainte par corps en matière criminelle et forestière*, 1880.

Journal officiel, années 1871, 1885.

LABORDE, *Cours de droit criminel*, 1898.

LE POITEVIN, *Dictionnaire des Parquets*, 1896.

MARCADÉ et PONT, *Commentaire-traité des petits contrats*, 1877, tome 2.

MÉLINE, *De la contrainte par corps en droit romain et en droit français*, 1865.

MOLINIER (Victor), *Etudes sur le nouveau projet de Code pénal du royaume d'Italie*, 1879.

Moniteur universel, années 1865, 1866, 1867.

Pandectes françaises, V° Contrainte par corps.

Revue critique de législation et de jurisprudence, 1871-72, article de M. E. Naquet.

Revue de droit international, tome 1, article de M. Paul Jozom.

Revue pénitentiaire, 1890, 1891, 1892, 1893, 1894, 1895, 1896.

Revue pratique, 1870, article de M. Le Serrurier.

SOURDAT, *Traité général de la responsabilité*, 1876, tomes I et II.

VIDAL, *Cours résumé de droit pénal*, 1894.

Introduction

La contrainte par corps, voie d'exécution accordée dans certains cas au créancier dans le but d'amener plus facilement son débiteur au paiement de la dette, consiste dans l'emprisonnement momentané de ce dernier, effectué après une réquisition d'incarcération délivrée par le ministère public, à la suite d'une requête à lui adressée par la partie créancière. Sa durée varie suivant la quotité de la créance à recouvrer. En principe, toute personne s'y trouve soumise ; elle est cependant inapplicable aux mineurs de seize ans, vis à vis du conjoint ainsi que des parents jusqu'au troisième degré, et réduite de moitié pour les sexagénaires et les insolvables.

Les détenus pour dette ne portent point le costume des prisonniers ordinaires, ils ne sont pas astreints au travail, et ont les 7/10 des gains qu'ils réalisent (1).

Jusqu'en 1867, l'emprisonnement pour dettes constituait le droit commun en France. Une loi du 22 juillet de cette même année le supprima en matière civile et commerciale, pour restreindre son application aux matières criminelles, correctionnelles et de sim-

(1) Décret du 11 novembre 1885, art. 32 et 73.

ple police, pour le paiement de l'amende, dommages intérêts, restitutions et frais dus aux particuliers. Les mêmes avantages furent étendus aux frais dus à l'Etat par une loi du 19 décembre 1871.

L'abolition de l'emprisonnement pour dettes en matière civile et commerciale est aujourd'hui un fait accompli, et personne peut-on dire, ne songe à y revenir. D'une utilité pratique fort contestable, injuste vis à vis du débiteur malheureux et de bonne foi dont il entrainait la ruine et entachait l'honneur, profondément immoral, puisqu'il permettait de faire entrer la liberté humaine dans les prévisions d'un contrat, son maintien ne pouvait se concilier avec les progrès de nos mœurs et de notre civilisation. On a pu se rendre compte du reste, que les sages innovations du législateur de 1867, que certains esprits redoutaient et dénonçaient comme devant créer des entraves pour le commerce et l'activité sociale, n'ont produit aucun des funestes résultats qu'on attendait d'elles.

Si la contrainte en matière criminelle n'est pas à l'abri de la critique, elle ne soulève pas cependant les mêmes objections, la même défaveur ne s'attache point à elle, et les raisons que l'on invoque à l'appui de sa légitimité se justifient assez aisément.

La contrainte constitue un moyen d'action énergique pour assurer le recouvrement de l'amende, peine que prononcent presque toujours les tribunaux de simple police ainsi que les tribunaux correctionnels lorsqu'ils ont à juger des délits forestiers, de pêche, de douane, etc. Elle permet d'atteindre les condamnés insolvables qui jouiraient autrement de l'impunité pour toutes les infractions emportant seulement des peines pécuniaires, et entre les mains de l'Etat ainsi que des diverses administrations qui le représentent, elle est une arme puissante à l'encontre de ceux qui font preuve de mauvaise volonté ou qui dissimulent leurs ressources.

Venant sanctionner une obligation conventionnelle, elle apparait comme injuste et immorale, car la liberté de l'homme n'est pas dans le commerce, et il ne doit pas être permis à celui-ci de l'aliéner. Ne convient-il pas avant tout de placer la personne du débiteur au dessus du hasard de ses affaires, et de ne donner au créancier qu'une action sur les biens? Il en est autrement lorsque l'obligation, au lieu d'avoir pour base l'accord réciproque des parties, puise son origine dans une infraction à la loi pénale. Ici le créancier est devenu tel malgré lui, un préjudice lui a été causé par la faute du débiteur, et on conçoit que pour en obtenir la réparation il ait à sa disposition des moyens d'action plus énergiques que ceux qui servent de garantie aux conventions ordinaires. « En matière pénale est-il dit dans l'exposé des motifs de la loi de 1867, il ne s'agit plus de contrat mais de réparation. Le plaignant n'est créancier que parce qu'il a été victime. La société tout entière est intéressée à l'acquittement de ce genre de dette. Ce n'est pas assez pour elle que la peine ordinaire ait été subie. Pour que la conscience publique soit satisfaite, il faut encore que le préjudice soit réparé, et que le condamné ait complètement subi sa sentence en accomplissant la restitution et en payant les dommages intérêts (1). »

On s'explique également que la contrainte par corps s'étende aux frais de justice, qui ont été avancés par l'Etat dans l'intérêt de l'ordre social, et par la partie civile, dans le but d'obtenir les réparations auxquelles elle pouvait prétendre. Ils sont la conséquence de la mise en action du droit, et doivent participer pour leur recouvrement des avantages qui sont accordés à la créance à laquelle ils se rattachent.

Bien que sensiblement réduite dans sa portée, la contrainte par corps a conservé un champ d'application assez vaste pour qu'elle reste encore d'un usage fréquent. A ce titre elle mérite d'appeler l'attention. L'exposé des évolutions et des transformations successives qu'elle a subies, ainsi que celui des discussions nombreuses que la question de sa légitimité et de sa nécessité sociale ont pu soulever entre les jurisconsultes, les économistes et les publicistes, aurait présenté un intérêt assez grand, mais eût été sans utilité pratique. C'est pourquoi, nous avons préféré aborder dès le début l'étude des règles qui gouvernent cette institution, entrer dans leur détail, examiner les difficultés qu'elles peuvent soulever.

Nous avons divisé notre travail en deux parties : dans la première, nous avons procédé à l'analyse de notre législation actuelle, en l'accompagnant d'un

(1) Exposé des motifs de la loi de 1867. *Moniteur* 1865, 1er sem. pp. 483, 486 et 487.

exposé rapide de celle qui est en vigueur dans les pays étrangers; dans la seconde, nous nous sommes demandés si la loi de 1867 ne restait point imparfaite à plusieurs points de vue, et nous avons été amenés à conclure que la contrainte par corps méritait d'appeler à nouveau l'attention du législateur et que de nouvelles améliorations étaient susceptibles d'être apportées à cette institution.

Première Partie

CHAPITRE PREMIER

Caractères de la contrainte par corps.

Avant de pénétrer dans les détails de la loi de 1867, nous avons pensé qu'il importait de rechercher qu'elle est l'idée qui a présidé à son élaboration, quel est le caractère que le législateur a voulu attribuer à la contrainte par corps. Elle peut se concevoir en effet comme voie d'exécution indirecte ou comme peine. Comme voie d'exécution, elle a pour but d'amener le débiteur au paiement de la dette par la menace et au besoin par la réalisation d'une incarcération momentanée. Comme peine, elle a pour effet de faire subir à celui qui s'est rendu coupable d'une infraction, à la suite de laquelle il a été condamné à une amende ou à des réparations, un emprisonnement qui est considéré comme la compensation des obligations pécuniaires qu'il ne peut ou ne veut exécuter.

Quel est de ces deux systèmes celui qu'a voulu consacrer le législateur? La loi de 1867 semble s'être inspirée de l'un et de l'autre. Le droit accordé aux agents du Trésor et à la partie civile de requérir la contrainte, son extinction lorsque le débiteur a trouvé une caution, le fait qu'elle est indépendante des condamnations prononcées et n'emporte pas libération de la dette bien qu'elle ait été subie, lui donnent le caractère de voie d'exécution. Son application vis à vis des insolvables dès l'instant ou l'insolvabilité est établie et constatée, la restriction de son exercice aux seuls auteurs et complices de l'infraction, l'impossibilité dans laquelle se trouve le créancier de recourir plusieurs fois à elle pour la même dette, la rattachent au contraire à l'idée d'une peine. On est amené par conséquent à reconnaitre que la contrainte présente tour à tour les deux caractères que nous venons d'indiquer. Disons cependant que si quelques-unes des dispositions de la loi de 1867 permettent de l'envisager comme une mesure pénale, et notamment celle relative aux condamnés insolvables, bien qu'à cet égard elle puisse encore être considérée comme un moyen de coercition nécessaire contre ceux dont l'indigence n'est qu'apparente, ou qui dissimulent leurs ressources, le plus grand nombre de ses articles lui attribuent le caractère de voie d'exécution, qui lui avait été reconnu du reste par le Conseil d'Etat, dans un avis du 15 novembre 1832, rendu sur le rapport de M. Vivien, et dans lequel il était dit : « qu'aucune disposition n'indique que le législateur ait eu en vue, pour les insolvables, de commuer la peine pécuniaire en celle de l'emprisonnement... que loin de prononcer cette commutation, la loi du 17 avril 1832, ne considère l'emprisonnement que comme un moyen de contrainte ».

La question de savoir quel est le caractère prédominant de la contrainte peut offrir de l'intérêt dans certains cas.

C'est ainsi que l'on s'est préoccupé de savoir si elle peut être exercée contre un failli pour le recouvrement des amendes, restitutions, dommages-intérêts et frais résultant de condamnations pénales. Si l'on considère la contrainte comme une voie d'exécution indirecte ayant pour but d'arriver plus facilement au paiement, il semble qu'elle est inutile, puisque le failli se trouve dessaisi de tous ses biens, et par conséquent, dans l'impossibilité de payer. La solution est différente, au contraire, si on envisage la contrainte comme une peine ; en pareil cas, l'état de faillite ne saurait suspendre son exercice.

De même l'amnistie privera la partie civile du droit d'user de la contrainte si on lui attribue le caractère prédominant de mesure pénale. Il en sera autrement si elle n'est qu'une voie d'exécution.

CHAPITRE II

Des cas et conditions d'application de la contrainte par corps.

La loi de 1867 n'ayant maintenu la contrainte par corps qu'en matière criminelle, correctionnelle et de simple police, celle-ci ne peut recevoir son application tant qu'une condamnation pénale n'a pas été prononcée par un tribunal répressif, c'est-à-dire, tant qu'une infraction n'a pas été relevée et reconnue constante à l'égard du débiteur. Cette règle résulte des termes des articles 52 du Code pénal, 33, 38 et 41 de la loi du 17 avril 1832, 3 et suivants de la loi de 1867, lesquels, ne considèrent la contrainte que comme un moyen d'exécution d'une condamnation pénale prononcée par un tribunal répressit.

Du principe que nous devons d'énoncer découlent les conséquences suivantes :

La contrainte ne peut être prononcée contre l'accusé acquitté, mais condamné à des dommages-intérêts envers la partie civile, car il ne s'agit plus alors de la réparation d'un crime que la déclaration négative du jury a fait disparaitre, mais d'un simple fait dommageable (1).

Il en est de même pour l'accusé ou le prévenu ren-

(1) Blanche, t. 1, nº 360 ; Sourdat, *Traité de la responsabilité* t. 1, nº 196 *ter* ; Darbois, p. 88, Cass., 1er déc. 1855, D. P., 56, 1, 177 ; Cas., 8 nov. 1878, D. P., 79, 1, 387.

voyé de la poursuite et condamné aux dépens. Ainsi, les frais qui restent à la charge du mineur acquitté comme ayant agi sans discernement, ne sauraient être considérés comme l'accessoire d'une condamnation pénale (1). Du reste, en ce qui concerne le mineur de seize ans, l'article 13 de la loi de 1867 l'affranchit expressément de la contrainte. A ce cas peuvent s'ajouter ceux de démence et de légitime défense (articles 64 et 327 du Code pénal).

Il n'y a pas lieu également de prononcer la contrainte contre la partie civile condamnée à des dommages-intérêts envers le prévenu acquitté. Cette condamnation n'a pas le caractère de peine, elle n'est pas le résultat d'une infraction, mais simplement d'une action engagée à la légère et de nature à porter préjudice à l'autre partie (2). Il en serait différemment si les dommages-intérêts alloués au prévenu étaient la conséquence, non plus d'une action témérairement engagée, mais de véritables délits, tels qu'une dénonciation calomnieuse ou une diffamation sur lesquelles il aurait été déjà statué (3).

Les personnes civilement responsables d'une infraction pénale, ne sauraient non plus être soumises à la contrainte pour assurer le recouvrement des con-

(1) Blanche, t. 1, nº 361 ; Sourdat, t. 1, nº 196 *quater*, Cass., 12 août 1843, Bull, Cass. crim., nº 205.

(2) Blanche, t. 1, nº 393 ; Darbois, p. 89, Cass., 25 avril 1885, D. P., 85, 1, 479, Cass., 7 juin 1888, D. P., 88, 1, 333.

(3) Dall. Vº, *Cont. par corps*, nº 654 ; Sourdat, t. 1, nº 198 ; Darbois, p. 89, Crim. Cass., 25 avril 1885, D. P., 85, 1, 379 ; Cass., 7 janv. 1888, D. P., 88, 1, 333.

damnations infligées à ceux dont elles répondent. « Leur responsabilité civile, comme le remarque avec raison M. Darbois, dérivant d'un quasi-délit et étant restreinte à la réparation pécuniaire du préjudice dont elles ont été la cause indirecte et involontaire, elles ne sont évidemment soumises qu'aux dispositions de la loi civile, et elles échappent par là à l'application de la loi criminelle. Si cette action en responsabilité, purement civile de sa nature, est soumise aux tribunaux de répression, c'est uniquement à raison de sa connexité avec l'action criminelle à laquelle elle est liée (1) ».

La règle suivant laquelle la contrainte ne peut être prononcée contre la partie civile, ou les personnes civilement responsables d'une infraction, subirait une exception, d'après certains auteurs, en ce qui concerne le recouvrement des frais de justice. Ils s'appuient, à cet effet, sur l'article 174 du décret du 18 juin 1811, disant que les frais de justice avancés par l'Etat seront recouvrés « par toutes voies de droit et même par celle de la contrainte par corps. » D'après eux, ce décret que l'article 18 de la loi de 1867 avait abrogé, a été remis en vigueur par l'article 2 de la loi du 19 décembre 1871, laquelle n'établit aucune distinction en ce qui concerne l'exercice de la

(1) Darbois, p. 89 ; Blanche, t. I, n° 392 ; Guyot et Puton, p. 27, P. Pont, t. II, p. 575 ; Dall., v° Cont. par corps, n° 644 et suiv. ; Cass., 3 juin 1843, S. 43, 1, 937 ; Cass., 9 avril 1875, D. P. 77, 1, 508 ; Cass., 25 mars 1881, D. P. 81, 1, 391 ; Cass., 25 avril 1884, D. P. 85, 1, 96 ; Cass., 28 février 1891, D. P. 91, 1, 444.

contrainte entre les personnes débitrices envers l'Etat des frais de justice (1).

Cette opinion a été repoussée avec raison par la majorité des auteurs et par la jurisprudence, qui ont considéré que l'article 174 n'était que le corollaire et le développement de l'article 52 du Code pénal, lequel n'admet la contrainte que lorsqu'il y a eu condamnation en matière criminelle, correctionnelle ou de simple police. La loi de 1871, bien que remettant en vigueur l'article 174, n'a pas eu pour effet de détruire cette disposition fondamentale. Comme elle a été votée sans discussion, on doit chercher la pensée du législateur dans son exposé des motifs et le rapport dont elle a été l'objet ; or, ces deux documents (2) ne parlent jamais que du coupable. La loi de 1871 a étendu la sphère d'application de la contrainte au recouvrement des frais, mais n'est pas venue se mettre en contradiction avec l'esprit général de la loi de 1867 (3).

Citons cependant une dérogation à la règle générale qui veut que les personnes civilement responsables ne soient pas soumises à la contrainte. La loi budgétaire du 16 avril 1895, dans son article 15, a

(1) Paris, 9 mai 1837. D. V° Cont. par corps, n° 651 ; Darbois, p. 92 et suiv.

(2) Loi du 19 déc. 1871, présentée le 7 août 1871. Rapport de M. Paris du 14 déc. (*J. off.* des 8 août et 15 déc. 1871).

(3) Blanche, t. I, n°s 361 et 393 ; Cass., 25 mars 1881, D. P. 81, 1, 391 ; 25 avril 1884, D. P. 85, 1, 96 ; 25 avril 1885, D. P. 85, 1, 479 ; 25 avril 1886, Pal 87, 1, 807 ; 11 août 1889, Pal. 89, 1, 1211.

rendu les parents pénalement responsables des délits commis par leurs enfants, en matière de contrebande d'allumettes chimiques, s'il est établi qu'ils ont incité ceux-ci à commettre la contravention qui leur est reprochée.

Sauf cette dérogation, et suivant le principe que nous avons formulé, il faut donc pour que la contrainte soit applicable à l'égard d'un individu, qu'il ait été déclaré coupable d'une infraction aux lois pénales. Il n'est point nécessaire cependant que cette déclaration de culpabilité ait été sanctionnée par une peine.

Prenons des exemples :

L'article 138 du Code pénal, exempte de toute peine, en matière de fausse monnaie, le dénonciateur qui a amené l'arrestation des autres coupables. La contrainte pourra néanmoins être employée contre lui pour le recouvrement des dommages-intérêts et des frais, car il n'est pas absous, et la disposition légale dont il bénéficie n'enlève pas à l'infraction son caractère criminel (1).

Plusieurs crimes ou délits ont été relevés à l'encontre d'un individu : en vertu du principe du non cumul des peines, il n'est frappé que pour le seul qui emporte la peine la plus forte. Postérieurement, il est condamné à des réparations civiles pour un des crimes ou délits emportant une peine moindre. Le

(1) Sourdat, t. I, n° 196 *bis* ; Guyot et Puton, p. 39 ; Darlois, p. 100.

tribunal n'aura pu que reconnaître la culpabilité sans prononcer une condamnation ; néanmoins, les réparations allouées seront recouvrables par la voie de la contrainte (1).

La même solution nous paraît devoir être étendue au cas où la partie civile, usant du droit qui lui est conféré par l'article 202 du Code d'Instruction criminelle, interjette seule appel du jugement qui relaxe le prévenu. Ici, la Cour ne pourra pas prononcer une peine, le ministère public n'ayant pas relevé appel, et la décision des premiers juges déclarant la poursuite mal fondée ayant acquis l'autorité de la chose jugée. Cependant, si elle alloue à la partie civile les dommages-intérêts qu'elle réclame, c'est qu'elle reconnaîtra l'existence du délit et la culpabilité du prévenu. La matière ne changera pas de nature et restera correctionnelle, bien qu'aucune peine ne soit prononcée contre ce dernier, faute d'appel de la part du ministère public, et il devra subir les conséquences ordinaires des jugements prononcés par les tribunaux répressifs en ce qui concerne les voies d'exécution (2).

Avant la loi de 1867, on discutait la question de savoir si les tribunaux civils étaient autorisés à pro-

(1) Blanche, t. I, n° 363 ; Guyot et Puton, p. 38 ; Darbois, p. 102 ; Garraud, t. I, p. 60.

(2) Blanche, t. I, n° 363 ; Sourdat, t. I, n° 197 ; Garraud, t. II p. 65 ; Cass., 15 juin 1844, D. P. 44, 1, 385 ; Cass., 14 avril 1860, D. P. 1860, 1, 373 ; Cass., 30 juin 1893, D. P. 1897, 1, 337 ; Jour. minist. public, 1879, p. 245 ; *Contra* Darbois, p. 103 et suiv.

noncer la contrainte, lorsque le fait à raison duquel les dommages-intérêts étaient demandés, bien que délictueux, n'avait pas été déclaré tel au préalable par les tribunaux répressifs. La négative avait été adoptée en jurisprudence, et elle a été consacrée par l'article 5 de la loi de 1867, aux termes duquel, les dispositions des articles 2, 3 et 4 qui organisent la contrainte par corps en matière criminelle, correctionnelle et de simple police, « s'étendent aux cas où les condamnations ont été prononcées par les tribunaux civils au profit d'une partie lésée pour réparation d'un crime, d'un délit ou d'une contravention reconnu par la juridiction criminelle ».

Ainsi donc, la déclaration de culpabilité doit émaner d'un tribunal de répression et précéder les condamnations pécuniaires prononcées contre l'auteur de l'infraction ou ses complices. Si la partie civile s'est adressée aux tribunaux civils et a obtenu des réparations avant toute poursuite du ministère public, la condamnation de l'agent du délit ne se produisant que postérieurement, ces réparations ne seront pas recouvrables au moyen de la contrainte. Au contraire, si l'action civile a été jointe à celle du ministère public, ou s'est exercée après elle, la contrainte sera applicable aux réparations prononcées, car elles seront alors la conséquence d'une infraction constatée et non plus d'un simple fait dommageable.

CHAPITRE III

Des infractions et des condamnations qui entraînent l'exercice de la contrainte par corps.

Nous avons dit que la contrainte par corps n'est applicable qu'à l'égard d'un individu reconnu coupable d'une infraction. Il importe de déterminer quelles sont les infractions punissables auxquelles elle est attachée, et quelles condamnations permettent son exercice.

D'après l'article 3 de la loi de 1867 et les articles 1 et 2 de la loi du 19 décembre 1871, la contrainte peut être exercée en matière criminelle, correctionnelle et de simple police pour le recouvrement des amendes, restitutions, dommages-intérêts et frais, c'est-à-dire des condamnations pécuniaires.

SECTION PREMIÈRE

AMENDES

La contrainte s'applique aux condamnations à l'amende prononcées par les tribunaux criminels, correctionnels et de simple police ; elle ne sanctionne pas en principe celles qui émanent des tribunaux non répressifs. On peut dire par conséquent que d'une manière générale, la juridiction ordinairement appelée à connaitre d'une infraction, determine son caractère et celui de l'amende qui y est attachée, les classe parmi celles du droit pénal ou celles du droit civil, les unes entrainant la contrainte, les autres n'étant point susceptibles de cette voie d'exécution.

Ainsi, la contrainte n'est pas applicable aux amendes édictées par le Code civil contre les officiers publics, pour irrégularités dans la tenue des registres (1), ni à celles prévues par le Code de procédure civile au cas de rejet d'appel, de requête civile, de prise à partie, de rejet d'une inscription de faux incident civil (2). De même, les amendes d'enregistrement et de timbre (3), et celles prononcées par les tribunaux civils à titre de mesure disciplinaire contre les officiers ministériels pour manquements à leurs devoirs professionnels (4).

Les amendes contre les témoins défaillants, constituent moins de véritables peines, que la sanction imposée à tout citoyen de répondre aux mandements de justice. Ce caractère, elles le conservent au criminel aussi bien qu'au civil; cependant la loi de 1867 (art. 18, § 2), rend passibles de la contrainte, les témoins qui, cités en vertu des articles 80, 157, 171, 189, 304 et 355 du Code d'Instruction criminelle, n'ont pas répondu à la citation qui leur a été adressée. Il en est de même des personnes désignées sous les articles 452, 454, 456 et 522 du même Code, c'est-à-dire les dépositaires de pièces arguées de faux et de pièces de

(1) Code civil, art. 50, 66, 76, 192, 193

(2) Code de proc. civile, art. 471, 500, 516, 246.

(3) Loi du 22 frimaire an VII, art. 63 à 65.

(4) Décret du 14 juin 1813, art. 73. Loi du 25 Ventose, an XI, art. 53.

comparaison, ou d'une expédition d'un jugement dont la minute a été détruite par un cas de force majeure.

A côté des amendes, soit exclusivement pénales, soit civiles, existeraient, d'après la jurisprudence, des amendes ayant un caractère mixte, et qui seraient prononcées à la fois à titre de peine et à titre de réparation civile ou d'indemnité; telles seraient celles encourues en matière de douane, de contributions indirectes et d'octroi (1). Suivant les cas, c'est l'un ou l'autre de ces caractères qui serait prédominant. Ainsi, la Cour de Cassation admet d'un côté que ces amendes ne sont pas personnelles, et peuvent atteindre les personnes civilement responsables de l'infraction; d'autre part, elle décide que leur recouvrement peut être poursuivi par la voie de la contrainte par corps, et que les héritiers du contrevenant ne sont pas tenus de les acquitter, qu'elles s'éteignent avec lui.

Ces solutions sont contradictoires, et avec M. Garraud (2), nous pensons qu'en matière fiscale, les amendes doivent être considérées soit comme une peine soit comme une réparation, et que l'un de ces caractères exclut l'autre.

(1) Cass. 11 déc. 1863. D. P. 64, 1. 200; Cass, 26 avril 65, D. P. 65, 1, 267 : Amiens, 16 mai 1868, D. P. 68, 2. 99; Cass. 8 nov. 1888, D. P. 89. 1. 217 ; Toulouse, 20 février 89. D. P. 90. 2. 196, – Chauveau et Hélie, *Théorie du Code pénal*. t. I. p. 251 et 253. – Sourdat, *Traité de la resp*, t. I, p. 79, t. II, par. 178 et suiv.

(2) Garraud, t. I, p, 579.

Une controverse s'est élevée sur le point de savoir quel est celui des deux qu'il convenait de leur attribuer, et notamment en ce qui concerne celles prononcées par les juges de paix en matière de douane, et particuculièrement pour trouble à l'exercice des préposés.

On a soutenu (1) que ces amendes ne sont que des réparations, et que les juges de paix ne connaissent des contraventions en matière de douane, qu'en qualité de juges civils, et non comme juges de simple police. L'amende ainsi encourue présenterait un caractère réparateur permettant de l'assimiler aux dommages-intérêts et non à une peine; elle ne serait que la compensation des marchandises enlevées à la saisie à la suite de l'opposition faite à l'exercice des préposés. L'administration des douanes ne pourrait être admise à demander le recouvrement de l'amende par la voie de la contrainte, qu'au cas où elle aurait été prononcée par un tribunal correctionnel compétent pour statuer à la fois sur le délit de rébellion et sur l'amende considérée comme action civile exercée à raison de ce délit.

Dans un système adverse, on fait remarquer que si en principe la juridiction chargée de constater l'infraction sert à déterminer son caractère, cette règle ne peut être considérée comme absolue, et comporte des exceptions même en droit commun. Il est en effet des cas où les tribunaux civils prononcent des con-

(1) Trib. Vervins, 8 nov. 1867 et 7 fév. 68, D. P. 67, 3, 104 et 1868, 3, 24. *Journ. min. pub.* 1868, p. 177 et suiv., 201 et suiv.

damnations ayant un caractère pénal, telles celles qui résultent de l'application des articles 10, 11, 89, 90 et 91 du Code de procédure civile ; 181, 304 et 505 du Code d'Instruction criminelle relatifs à la répression des troubles ou délits commis à l'audience. Les peines édictées sont de véritables peines correctionnelles et de simple police et donnent évidemment lieu à l'application de la contrainte par corps. De même pour les délits commis par certains dignitaires ou fonctionnaires qui relèvent de la Chambre civile de la Cour d'appel (Code d'inst. crim., art. 479 et 483).

D'un autre côté, si on prend la peine de se reporter aux travaux préparatoires de la loi de 1867, et aux déclarations du gouvernement devant le Corps législatif (1), il est permis de constater que ces documents ne laissent pas de doute sur les intentions du législateur, et permettent d'affirmer qu'il considère comme matière pénale les infractions aux lois et règlements de douane, quelle que soit la juridiction appelée à statuer.

Dans la séance du Corps Législatif du 29 mars 1867 (2), le garde des sceaux montait à la tribune pour combattre le renvoi à la commission de l'article 2, et s'exprimait ainsi : « Songez-y bien, messieurs, il y a des contraventions et en grand

(1) Exp. des motifs du projet de loi présenté le 16 février 1865 par M. Bayle Mouillard (*Monit.* 1865, 1er. sem. p. 483, 486, 487). Rapport de M. Josseau, déposé le 28 juin 1866 (*Monit.* 1866, p. 1376, 1379, 1382, 1385, 1388, 1403, 1406, 1049).

(2) *Monit.* du 30 mars 1867, p. 386.

nombre, dont la seule peine est une amende, des contraventions graves, par exemple *en matière de douane*, de chasse, de contributions indirectes, en matière forestière. Les différentes infractions prévues et punies par les lois spéciales, sous le nom de contraventions, sont de la compétence tantôt des tribunaux correctionnels, tantôt des tribunaux de simple police ; il y en a *en matière de douane* qui sont exclusivement de la compétence des juges de paix.

« Eh bien, pour ces contraventions, quelle que soit la juridiction compétente, nous disons d'une manière absolue, que la contrainte par corps doit être maintenue. »

Le Corps Législatif refusant de prononcer le renvoi, adopta l'article 2 se rangeant ainsi aux explications et à la manière de voir du garde des sceaux.

Les mêmes déclarations furent renouvelées à la discussion de l'article 10, et le garde des sceaux insista sur la nécessité de maintenir la contrainte en matière de douane. On peut donc considérer que la loi de 1867, a entendu décider que les condamnations à l'amende pour infractions aux lois et règlements de douane, sont prononcées non pas en matière civile, mais en matière pénale (1).

Les infractions que nous venons de signaler rentreraient donc dans cette dernière catégorie, bien

(1) Darbois, p. 131, Guyot et Puton, p. 46 ; Sourdat, t. I, § 199 ; Chauveau et F. Hélie, t. I, nº 130 ; Crim. Cass., 4 déc. 1863, D. P. 64. 1. 195, Cass., 26 avril 1865, D. P. 65. 1. 267 ; Amiens, 16 mai 1868, D. P. 68. 2. 99 ; Cass. civ., 22 juill. 74, D. P. 75. 1. 168.

que les tribunaux civils soient appelés ordinairement à en connaître, et viendraient constituer une exception au principe d'après lequel la juridiction chargée de constater une infraction, sert à déterminer son caractère.

Les amendes prononcées par les Conseils de préfecture au sujet des contraventions de grande voirie (1), entraînent-elles la contrainte? Avec la majorité des auteurs nous pensons que l'amende est en pareil cas, purement civile, car les Conseils de préfecture ne sont pas compétents pour prononcer la peine d'emprisonnement attachée aux contraventions mêmes auxquelles ils appliquent l'amende. Du reste, la contrainte étant une voie d'exécution exceptionnelle, les textes qui la régissent doivent être interprétés d'une façon restrictive; or, la loi de 1867 parle uniquement de jugements rendus en matière criminelle, correctionnelle et de simple police, c'est-à-dire par des tribunaux de l'ordre judiciaire (2).

SECTION II

RESTITUTIONS

La loi de 1867 cite également les restitutions comme recouvrables par la voie de la contrainte par corps.

Lorsque les objets à restituer ont été saisis, et

(1) Loi 29 floréal an X, art. 1 et 4.

(2) Darbois, p. 126. — Guyot et Puton, p. 49. — *Jour. min. pub.*, 1886, p. 182.

c'est le cas le plus fréquent, la contrainte n'a pas besoin d'être prononcée. Le prévenu ne peut, en effet, être condamné à restituer une chose qui n'est plus en sa possession, et que peut se faire remettre celui qui en est propriétaire.

Si, au contraire, la chose à restituer n'a pas été saisie, il y a lieu de prononcer la contrainte, mais comme cette dernière est, quant à sa durée, calculée sur le chiffre de la somme à recouvrer, l'article 9 de la loi de 1867 ne donnant la possibilité de l'appliquer qu'à l'obligation pécuniaire, il est de toute nécessité que l'objet de la dette soit apprécié en argent dans le jugement qui intervient.

L'article 366 § 2, du Code d'Instruction criminelle, permet d'ordonner après acquittement ou absolution, la restitution en faveur de celui qui en est reconnu propriétaire, des objets qui lui ont été soustraits. Il est certain que ces restitutions ne sont pas recouvrables par la voie de la contrainte (1).

SECTION III

DOMMAGES-INTÉRÊTS

La contrainte est encore autorisée pour l'exécution des condamnations à des dommages-intérêts et réparations civiles résultant de crimes, de délits ou de contraventions, obtenues devant les tribunaux répres-

(1) Blanche, t. I, nº 239. — Darbois, p. 142. — Crim. cass., 5 déc. 1861. D. P.61, 1, 504.

sifs, comme aussi devant les tribunaux civils, lorsque la juridiction criminelle a déjà statué sur l'infraction.

SECTION IV

FRAIS

La loi de 1867 avait décidé, dans son article 3, § 2, que la contrainte ne devrait pas s'exercer pour le paiement des frais au profit de l'Etat en matière répressive. L'article 3 ne s'appliquait, bien entendu, qu'aux frais dus à l'Etat, et non à ceux qui avaient été exposés par la partie civile, lesquels étaient compris dans les réparations. Cette restriction conduisit à de fâcheux résultats, et occasionna des pertes assez importantes pour le Trésor. Il fallait remédier à cette situation, aussi une loi du 19 décembre 1871, due à l'initiative gouvernementale, vint-elle bientôt rétablir l'exercice de la contrainte au profit de l'État pour le recouvrement des frais. « Depuis 1867, était-il dit dans l'exposé des motifs, on a le spectacle de débiteurs insolvables qui viennent payer l'amende en exigeant l'imputation sur cette créance plus onéreuse que celle des frais puisqu'elle est mieux garantie, et qui refusent obstinément de payer les frais parce qu'ils savent bien que les agents du Trésor n'oseront pas multiplier les saisies, les ventes de mobilier et les expropriations. Dans les quatre années précédant 1867, la perte annuelle sur le recouvrement des frais n'était, en moyenne, que de 8 à 11 0/0. Aussitôt après la loi, la perte s'élève à 19, 21, 32 0/0 (1). »

L'énumération donnée par la loi de 1867 des condamnations qui permettent l'exercice de la contrainte est limitative, et ne saurait s'étendre par conséquent aux confiscations, bien que les tribunaux aient donné une estimation aux objets confisqués (2).

(1) D. P. 71, 4. 167, note 4 et *Jour. Off.* des 8 août et 15 décembre 1871.

(2) Darbois, p. 139; Metz. 28 avril 1868. D. P. 68, 2, 90.

CHAPITRE IV

Des personnes contraignables par corps.

SECTION PREMIÈRE

RÈGLES GÉNÉRALES

Toute personne, qui a encouru une condamnation à laquelle s'applique la contrainte, se trouve soumise à cette voie d'exécution, à moins que le législateur n'ait pris soin de l'y soustraire par une disposition expresse. Les cas d'exemption déterminés par la loi doivent être strictement limités. Ainsi donc, les femmes, les ministres des cultes, les consuls des nations étrangères, les fonctionnaires publics, les militaires, les marins, qui ne rentrent pas dans l'énumération faite par le législateur, ne sauraient y échapper.

Le Président de la République et les ministres s'y trouvent-ils soumis ? Depuis l'abolition de la contrainte en matière civile, la question présente peu d'intérêt. Aucune exception n'étant faite à leur égard, on doit en conclure qu'ils restent soumis au droit commun.

Les députés et sénateurs rentrent-ils dans la règle générale ? La charte de 1814 (1) et celle de 1830 (2) interdisaient d'exercer la contrainte contre un député pendant la durée des sessions, et pendant les

(1) Charte de 1814, art. 51.
(2) Charte de 1830, art. 43.

six semaines qui les précédaient ou les suivaient. L'autorisation de la Chambre des Pairs était exigée pour incarcérer un de ses membres (1).

La Constitution de 1848 (2), décida qu'une autorisation préalable était nécessaire pour poursuivre ou arrêter un représentant du peuple en matière criminelle, mais elle était muette en ce qui concerne la contrainte. Une loi du 21 janvier 1851 vint la compléter à cet égard.

Le décret du 2 février 1852 (3) sur l'élection des députés, revint au système des chartes de 1814 et 1830. D'après le sénatus-consulte des 4-13 juin 1858 (4), les sénateurs ne pouvaient être poursuivis, en matière criminelle, sans autorisation préalable du corps auquel ils appartenaient. Il n'était point fait mention de la contrainte.

De nos jours, aux termes de l'article 14 de la loi constitutionnelle du 16 juillet 1875, « aucun membre de l'une ou l'autre Chambre ne peut, pendant la durée de la session, être poursuivi ou arrêté, en matière criminelle ou correctionnelle, qu'avec l'autorisation de la Chambre dont il fait partie, sauf le cas de flagrant délit. » La contrainte se limitant depuis la loi de 1867 aux matières criminelles, on conçoit que les auteurs de la Constitution de 1875 ne s'en soient pas préoccupés, la question ne présentant plus le même

(1) Charte de 1814, art. 34 ; Charte de 1830, art. 29.
(2) Constitution de 1848, art. 37.
(3) Décret du 2 fév. 1852, art. 10.
(4) Sénatus-consulte des 4-13 juin 1858, art. 6.

intérêt ni la même importance qu'autrefois. Il est permis cependant de conclure de la disposition qui précède, que la contrainte ne peut être exercée contre les députés ou sénateurs pendant la durée des sessions.

Les condamnations prononcées à raison d'une infraction pénale n'emportent la contrainte que contre ceux qui ont été condamnés comme auteurs ou complices. Restant personnelle à ceux qui l'ont encourue, elle ne peut être étendue aux héritiers du contraignable, ni aux personnes civilement responsables, ni à une société commerciale, être moral qui ne peut encourir qu'une responsabilité civile (1).

SECTION II

DES RESTRICTIONS APPORTÉES PAR LA LOI DE 1867 A L'EXERCICE DE LA CONTRAINTE PAR CORPS

Certaines situations ont appelé l'attention du législateur, qui pour des considérations d'humanité, d'âge, d'ordre moral, a cru devoir faire bénéficier plusieurs catégories de personnes de mesures de faveur en les dispensant de la contrainte, ou en réduisant ou suspendant son exercice à leur égard.

I

CAUSES DE DISPENSE. — D'après l'article 13 de la loi de 1867 : « Les tribunaux ne peuvent prononcer la

(1) Cass., 8 mars 1883; D. P., 84, 1, 428.

contrainte par corps contre les individus âgés de moins de seize ans accomplis à l'époque des faits qui ont motivé la poursuite. » Ce n'est donc point l'époque de la condamnation qu'il faut envisager pour appliquer l'article 13, mais celle où le condamné a commis le fait punissable, peu importe son âge au moment où le jugement est exécuté ; ce qui prouve que le législateur a édicté cette exemption non parce que la contrainte serait trop rigoureuse à l'égard d'un mineur, mais parce que son âge rend moins grave l'infraction qu'il a commise (1). Nous préférons à cet égard la législation belge (2) qui ne considère l'âge du débiteur qu'au moment de la poursuite pour le dispenser de la contrainte.

Le législateur n'a pas voulu également que le créancier puisse employer la contrainte contre des personnes de sa famille. L'article 15 dit, en effet : « Elle ne peut être prononcée ou exercée contre le débiteur au profit : 1° de son conjoint ; 2° de ses ascendants, descendants, frères ou sœurs ; 3° de son oncle ou de sa tante, de son grand-oncle ou de sa grand'tante, de son neveu ou de sa nièce, de son petit-neveu ou de sa petite-nièce, ni de ses alliés au même degré. »

Au profit de son conjoint. — La séparation de corps ne détruit pas la prohibition, car elle n'entraine pas la dissolution du mariage ; il n'en est pas de même au

(1) Garraud, t. II. p. 72 ; Darbois, p. 229.
(2) Loi du 27 juillet 71, art. 6.

cas de divorce, et rien n'empêche l'époux divorcé d'exercer la contrainte contre son ancien conjoint.

Au profit de ses ascendants, descendants, frères et sœurs, que la parenté soit légitime ou naturelle. — Il faut en dire autant de la parenté adoptive, mais comme l'adoption ne crée de liens qu'entre l'adoptant et l'adopté, les dispositions de l'article 15 ne s'étendent point aux frères et sœurs adoptifs (1).

De son oncle ou de sa tante, etc. — Il convient, croyons-nous, de décider ici, malgré un arrêt de la Cour de Paris (2), qui se base sur les considérations qui ont motivé la restriction de l'exercice de la contrainte, que l'interdiction ne s'étend pas à la parenté naturelle, la loi n'établissant aucun lien de parenté entre l'enfant naturel et les frères et sœurs, les oncles et les tantes de ses père et mère, et n'édictant en ce qui les concerne, aucune prohibition pour le mariage (3).

Ni de ses alliés au même degré. — Les mots « ni prononcée ni exercée » de l'article 15 permettent de décider que l'alliance constitue un obstacle à l'exercice de la contrainte, lors même qu'elle aurait pris naissance postérieurement à celle de la dette. De même si elle se produisait après le jugement de condamnation et au cours de l'exécution. Dans ce der-

(1) Darbois, p. 231. Pont, n. 845. Aubry et Rau, t. 88, p. 780, n. 59. Guyot et Puton, p. 245.

(2) Paris, 1er fév. 1864, D. P., 64, 2, 83.

(3) Code civil, art. 163.

nier cas, le débiteur devrait être élargi immédiatement.

La disposition de l'article 15 peut-elle être invoquée entre les alliés au degré déterminé par la loi, alors que l'époux qui a produit l'alliance est décédé sans enfants? La jurisprudence et la grande majorité des auteurs se prononcent pour l'affirmative (1).

On s'appuie, à cet effet, sur les dispositions édictées par le législateur dans les articles 161 et 162 du Code civil, 283 et 378 du Code de procédure, qui maintiennent les liens d'affinité qui existaient auparavant. Toutefois, comme les articles 283 et 378 ne visent que l'alliance en ligne directe, et entre beaux-frères et belles-sœurs, on a proposé de restreindre cette solution à ces seuls cas (2).

L'obstacle à l'exercice de la contrainte existe encore dans l'hypothèse où les droits d'un parent ou allié au degré indiqué par la loi ne sont pas exercés par lui mais par un cessionnaire. Le cédant n'a pu transmettre des droits plus étendus que ceux qu'il avait ; la contrainte n'est pas attachée du reste à la créance cédée, car l'article 15 interdit aux juges de la prononcer. De même, la contrainte ne pourra être exercée dans le cas où une créance appartenant à un tiers a été cédée à un parent ou allié du débiteur (3).

(1) Aubry et Rau, t. 8, p. 782, n. 21. Pont, n. 846. Demolombe, t. 3, n. 117. Darbois, p. 232. Guyot et Puton, p. 206. Agen, 31 mai 1860, S., 60, 2, 446. Montpellier, 17 avril 1863, D. P., 64, 2, 87.

(2) Darbois, p. 233.

(3) Darbois, p. 234.

II

Causes de suspension. — L'article 14 de la loi de 1867 défend d'appliquer la contrainte simultanément contre le mari et la femme, même pour dettes différentes. Cette restriction a été introduite dans un but d'humanité, pour ne pas priver les enfants des soins qui leur sont dus. C'est au moment de l'exécution que le condamné peut se réclamer de ce bénéfice. Le créancier reste libre de fixer son choix entre les deux époux pour les faire incarcérer ; il peut d'ailleurs leur faire subir la contrainte successivement à l'un et à l'autre (1).

Dans son article 17, la même loi permet aux tribunaux, dans l'intérêt des enfants mineurs du débiteur, de surseoir pendant une année au plus à l'exécution de la contrainte. Aucune obligation n'est par conséquent imposée au juge qui reste maître de sa décision. Le sursis ne peut être accordé que par le jugement de condamnation, c'est-à-dire par tout jugement qui statue sur l'infraction ; d'où on conclut que la faveur de l'article 17 peut être sollicitée pour la première fois en appel, mais non par voie d'action principale, postérieurement à la condamnation devenue définitive (2). Le sursis une fois accordé ne peut plus être retiré, même si les causes qui l'ont motivé viennent à disparaitre (3).

(1) Pont, n° 850. — Darbois, p. 236. — Guyot et Puton, p. 218.

(2) Pont, n° 852, Aubry et Rau, t. 8, p. 780. — Darbois, p. 248 ; Paris, 16 février 1864. — S. 64. 2, 81.

(3) Darbois, p. 248.

L'exercice de la contrainte se trouve encore suspendu par l'effet du jugement déclaratif de faillite. L'article 455 du Code de commerce dispose en effet : « qu'il ne pourra en cet état être reçu contre le failli d'écrou pour aucune espèce de dette ». La contrainte étant donnée au créancier non comme moyen de répression, mais comme moyen de recouvrement, ne peut être employée vis-à-vis d'une personne qui est dépouillée de la disposition de ses biens et dans l'impuissance de payer. La suspension du droit d'user de la contrainte dure jusqu'à la clôture des opérations de la faillite. Elle ne pourra être reprise que s'il y a clôture pour insuffisance d'actif ou dissolution de l'union. Le failli qui a obtenu le concordat ne peut être soumis à la contrainte pour l'exécution des dettes qui lui sont antérieures, car si le concordat est exécuté, les créanciers obtiennent satisfaction et ne peuvent plus rien réclamer. Au cas contraire, la faillite se trouve réouverte, et elle n'est point compatible avec l'exercice de la contrainte.

Un condamné qui se trouve dans la période de libération conditionnelle n'est-il pas protégé contre l'exercice de la contrainte ? Un jugement du tribunal de la Seine du 25 février 1897, s'appuyant sur le principe d'après lequel la contrainte ne peut s'exercer pendant la durée de la peine, fait valoir que la libération conditionnelle ne suspend pas l'exécution de cette dernière, mais qu'elle n'en est qu'un nouveau mode ; en sorte que le condamné, par l'effet de cette fiction légale, est censé continuer à subir sa peine en liberté. Permettre au créancier de priver son débiteur de la liberté qui lui a été accordée, c'est l'empêcher de prouver qu'il s'est amendé et aller à l'encontre de l'esprit de la loi du 14 août 1885.

La Cour de Paris et après elle la Cour de Cassation n'ont point partagé cette manière de voir. Dans un arrêt du 6 décembre 1897, cette dernière a décidé que la contrainte peut être exercée pendant la période de libération conditionnelle. La grâce, l'amnistie, le sursis, qui sont des faveurs plus grandes que la libération conditionnelle, laissent intacts les droits des tiers et ne les privent point de recourir à cette voie d'exécution. Pourquoi n'en serait-il pas de même pour la remise de l'emprisonnement? Rien n'indique que le législateur ait eu l'intention de sacrifier les droits des créanciers au succès de l'épreuve qui est imposée au condamné par l'administration, et de venir ainsi dans son silence déroger au droit commun (1).

III

Causes de réduction. — Nous avons déjà indiqué quels sont les motifs qui ont déterminé le législateur à rendre la contrainte applicable vis à vis des insolvables. Il a pensé cependant qu'il serait inhumain que cette voie d'exécution qui a pour but d'amener au paiement des condamnations prononcées, fût exercée avec la même rigueur à l'égard de ceux qui sont en mesure de se libérer et de ceux qui ne le sont point. C'est pourquoi, il a décidé dans l'article 10

(1) Cass., 6 déc. 1897. D. P., 98, 1. 75.

que « les condamnés qui justifient de leur insolvabilité, suivant l'article 420 du Code d'Instruction criminelle, sont mis en liberté après avoir subi la contrainte pendant la moitié de la durée fixée par le jugement. »

C'est au condamné seul qu'incombe l'obligation d'établir son insolvabilité. Il doit fournir à cet effet : 1° un extrait du rôle des contributions constatant qu'il paie moins de six francs, ou un certificat du percepteur constatant qu'il n'est pas imposé ; 2° un certificat d'indigence délivré par le maire de sa commune.

Le parquet est toujours libre de s'assurer de la sincérité de l'insolvabilité et de l'exactitude des preuves qui lui sont produites. De même la partie civile peut contester devant les tribunaux la valeur des certificats fournis et demander à établir que le condamné possède des ressources suffisantes pour acquitter le montant des condamnations prononcées contre lui (1).

La constatation d'insolvabilité ne peut être faite dans le jugement de condamnation, mais seulement au moment de l'exécution, et le Parquet ne peut se dispenser d'ordonner la réduction prescrite par l'article 10.

Quand la durée de la contrainte comporte un nombre impair de jours, la reduction s'opère dans le sens le plus favorable au condamné, en sorte que la fraction la plus forte doit être retranchée (2).

La contrainte exercée contre l'insolvable ne le li-

(1) Trib. Montpellier, 30 juin 1888. S. 88, 2, 245.
(2) Darbois, p. 205 ; Guyot et Puton, p. 163.

bère point des condamnations pécuniaires prononcées contre lui, sauf en matière forestière. Une décision du ministre des finances (1) a décidé, en effet, que la contrainte subie par l'insolvable forestier était libératoire.

La réduction de la moitié de la durée de la contrainte en faveur des insolvables, a été étendue également aux sexagénaires par l'article 14 de la loi de 1867 qui s'exprime ainsi :

« Si le débiteur a commencé sa soixantième année, la contrainte par corps est réduite à la moitié de la durée fixée par le jugement, sans préjudice des dispositions de l'article 10. »

Les mots « si le débiteur a commencé sa soixantième année », établissent qu'il suffit au condamné d'avoir atteint sa cinquante-neuvième année pour bénéficier de la disposition de l'article 14. Ce dernier ne spécifie point à quel moment l'on doit se placer pour décider si cette année est atteinte, si c'est à l'époque où le délit a été commis, à celle où le jugement a été prononcé, lors de l'exécution, ou pendant la durée de l'incarcération. On décide que la réduction est acquise au condamné quel que soit le moment où il a atteint sa soixantième année (2). Si c'est au cours de son incarcération, la réduction de moitié s'opère pour le temps restant à courir et à dater du moment où la cinquante-neuvième année se trouve révolue.

(1) Inst. du 20 sept. 1875, art. 235 et 236.

(2) Aubry, t. 8, § 728, texte et note 27. Darbois, p. 212 et s.

L'article 14 permet de combiner ses dispositions avec celles de l'article 10, relatives à l'insolvabilité, ainsi que cela résulte de ses derniers mots « sans préjudice des dispositions de l'article 10 ».

Un condamné qui est à la fois insolvable et sexagénaire, situation qui lui permet de demander une double réduction de la contrainte pour la moitié de sa durée, ne peut-il pas se soustraire par le fait à cette voie d'exécution ? On a soutenu que dans ce cas il est affranchi de la contrainte, attendu qu'après une double réduction de moitié, la durée se trouve réduite à zéro (1).

Cette opinion est généralement critiquée, car en dispensant les sexagénaires insolvables de la contrainte, elle va à l'encontre de l'esprit de la loi. C'est par degrés que doit s'opérer la réduction, de telle sorte qu'après avoir porté sur la moitié à raison de l'âge, on réduit encore de moitié le temps restant à courir, le condamné devant subir ainsi le quart de la durée originaire. Des exemples peuvent être fournis à l'appui de ce mode de computation, dont le suivant : le tribunal ayant à juger un prévenu qui a atteint sa soixantième année, lui tient compte de son âge, pour déterminer la durée de la contrainte. Plus tard, ce même prévenu justifie de son insolvabilité, son incarcération n'aura lieu que pendant la moitié du temps fixé par le jugement, c'est-à-dire le quart de la durée légale.

Il est un cas où la double réduction établie par les

(1) Dutruc, Mém. du min. publ., V° Cont. par corps, n° 6.

articles 10 et 14, libère complètement le condamné, c'est lorsque la contrainte est réduite à deux jours, sa durée ne pouvant être moindre d'un jour.

Une autre cause de réduction résulte de la disposition établie par l'article 12 en faveur du condamné, laquelle prohibe le cumul des contraintes, en sorte qu'un individu qui est sous le coup de plusieurs jugements emportant la contrainte n'est jamais obligé que de subir la plus longue.

CHAPITRE V

Fixation de la durée de de la contrainte par corps.

SECTION PREMIÈRE

DÉTERMINATION DE SA DURÉE

La contrainte par corps est encourue de plein droit par le fait de la condamnation à l'amende, aux restitutions, dommages-intérêts et frais. Ce principe découle des articles 52, 467 et 469 du Code pénal qui en font l'accessoire légal de cette dernière. Résultant de la loi elle-même, les tribunaux n'ont pas à l'autoriser, pas plus qu'ils n'ont la faculté d'en exempter le condamné, ils doivent simplement en déterminer la durée dans les limites prescrites par le législateur (1).

Cette détermination doit être faite d'une manière précise et de façon à ne laisser aucun doute. Est-il cependant nécessaire qu'elle soit exprimée en mois et en jours? La Cour de Paris (2) a répondu affirmativement, mais cette solution a paru trop rigoureuse, et l'on considère aujourd'hui comme régulière et satisfaisant aux prescriptions de la loi. la fixation au

(1) Blanche, t. I, n. 364. — Guyot et Puton, p. 56. — Darbois, p. 62. — Garraud, t. II, p. 66. — Cass., 12 juin 1857, D. P., 57, 1, 371 ; Cass., 26 mars 1868, D. P., 68, 5, 104. — Paris, 28 juin 1894, D. P., 95, 2, 523.

(2) Paris, 2 fév. 1870, D. P., 70, 2, 94.

maximum ou au minimum. En pareil cas en effet, la durée de la contrainte ne reste pas incertaine puisqu'elle se trouve fixée par le législateur lui-même(1).

Une décision « fixant la durée de la contrainte conformément aux lois et décrets sur la matière » serait au contraire insuffisante (2).

Il peut arriver que le juge omette de déterminer la durée de la contrainte dans le jugement de condamnation. Si les délais d'appel ou de pourvoi en cassation ne sont pas expirés, il n'y a pas de difficulté ; la réformation de la décision pourra être obtenue de ce chef par le ministère public ou par la partie civile. Mais quels moyens aura-t-on pour faire réparer l'omission si les délais d'appel ou de pourvoi étant expirés, la décision est devenue définitive ? La question a donné lieu à une controverse.

Un premier système (3) décide que l'omission de la fixation de la contrainte ne peut être réparée par le juge si la sentence est devenue définitive, car le prononcé du jugement épuise sa juridiction, et sa décision une fois rendue ne peut être ni modifiée ni complétée.

La contrainte étant attachée de plein droit à la condamnation, sera exercée, mais elle se trouvera quant à sa durée, réduite au minimum fixé par la loi.

(1) Cass., 17 juill. 1885. D. P. 86. 1, 273.

(2) Crim. Cass., 23 janv 1863. D. P., 63. 5, 93.

(3) Aubry et Rau, t. 8, p. 780, texte et note 60. — Pont, t. II, nº 887 et 992. — Darbois, p. 67 et suiv. — Paris, 11 janv. et 26 fév. 1859, D. P., 59, 2, 34 et 35. — Paris, 28 août 1861. D. P. 62, 5, 84.

4

« Nous ne prétendons nullement, objecte M. Darbois, l'un des partisans de ce système, que le jugement en omettant de statuer sur le terme de la contrainte, soit censé l'avoir fixé au minimum... Mais ce qui nous parait tout aussi certain, c'est que la sentence étant devenue définitive, la loi qui elle aussi, a donné son appréciation sur la durée de la contrainte, qui a tracé à l'arbitrage du juge ses limites, se substitue forcément au jugement désormais irréformable, et doit être respectée. Or, comme il n'est pas possible de l'appliquer autrement que dans des conditions qui suppriment tout arbitraire de la part de l'autorité chargée de l'exécution des condamnations, il faut nécessairement s'en tenir au minimum légal : car, ainsi qu'on l'a très justement remarqué, le doute que la lacune de la décision fait naitre sur ce point ne peut que se résoudre en faveur de la liberté (1). »

Dans une deuxième opinion (2) qui a pour elle la jurisprudence, et à laquelle nous nous rallions, on admet que le juge coupable de l'omission peut être appelé à la réparer par une décision ultérieure. On fait remarquer qu'il ne s'agit pas en l'espèce de demander au juge de réformer sa sentence, mais de la compléter, de statuer sur des points qu'il n'a pas

(1) Darbois, p. 75

(2) Blanche, t. I, nº 369. — Guyot et Puton, p. 62. — Garraud, t. II, p. 69. — Cass., 14 mai 1836 ; D. P., 40, 1, 347 ; Rouen, 11 août 1856 ; D. P., 59, 5, 97 ; Cass., 31 janv. 1873 ; D. P., 73, 1, 44 ; Bastia, 28 fév. 1873 ; D. P., 74, 2, 94 ; Bourges, 21 nov. 1879 ; S., 81, 2, 32.

encore résolus, droit qu'on ne saurait lui contester. La loi lui fait une nécessité, à peine de nullité de sa décision, de déterminer la durée de la contrainte ; il importe qu'il opère cette fixation. Aucune atteinte n'est apportée de ce fait à l'autorité de la chose jugée ; ce n'est point une disposition nouvelle qui vient s'ajouter à la sentence qui est intervenue, il s'agit simplement d'en assurer l'exécution. La Cour de Cassation décide toutefois que, dans cette hypothèse, le minimum de la loi devra seul être appliqué.

Les dispositions d'un jugement relatives à la contrainte, sont susceptibles d'appel soit de la part du ministère public ou de la partie civile, qui peuventse plaindre de son omission ou de son insuffisance ; soit de la part du condamné qui peut trouver son application trop rigoureuse, ou faire valoir des cas d'exemption ou de dispense dont les tribunaux n'auraient point tenu compte (1).

Mais l'appel du chef de la contrainte sera-t-il recevable lorsque la décision sur le fond est en dernier ressort ? On sait que l'appel est toujours recevable en matière correctionnelle et en matière de simple police, sauf, dans ce dernier cas, quand les condamnations pécuniaires ne s'élèvent pas à 5 francs. La question ne présente donc de l'intérêt que dans le cas où la contrainte a été prononcée par un tribunal civil, lorsque l'action en dommages-intérêts a été exercée postérieurement à l'action publique.

(1) Aubry et Rau. t. 8. § 780. texte et note 69. — Darbois, p. 154. — Guyot et Puton, p. 59 et 60. — Cass., 27 av. 1894 ; D. P., 94. 1, 495 ; Paris, 28 juin 1894 ; D. P., 95. 2, 523.

Dans une première opinion (1) on dit : l'article 20 de la loi du 17 avril 1832, et l'article 7 de la loi du 13 décembre 1848, n'autorisaient l'appel du chef de la contrainte qu'en matière civile et commerciale, lorsqu'une décision en dernier ressort était intervenue; les jugements rendus en matière répressive ne participaient point de cette faveur. Or, l'article 5 de la loi de 1867 prévoit une contrainte qui est relative non plus aux matières civiles et commerciales, mais qui concerne exclusivement les matières criminelles, qui est encourue de plein droit quel que soit le montant des condamnations, tandis qu'autrefois elle restait facultative et ne s'étendait qu'aux dettes qui dépassaient 300 francs. Le débiteur pouvait donc espérer, grâce à l'appel spécial qui était mis à sa disposition, se faire exempter de la contrainte; il n'en est plus de même aujourd'hui, puisqu'elle est devenue l'accessoire légal de la condamnation. La faculté d'appel n'est, par conséquent, plus justifiée.

Une doctrine contraire (2) fait observer que les dispositions des lois de 1832 et 1848 n'ont été abrogées ni expressément ni tacitement par celles de 1867, que cette dernière reste muette au sujet de l'appel quant au chef de la contrainte des jugements rendus par les tribunaux civils, et qu'elle a entendu par cela même s'en rapporter à la législation antérieure.

Cet argument ne porte point. En exposant la pré-

(1) Darbois, p. 158 et suiv.

(2) Aubry et Rau. t. 8. p. 782. Sourdat, t. I, nº 212.

cédente opinion, nous avons fait remarquer que les articles 20 de la loi de 1832 et 7 de la loi de 1848 n'autorisaient la contrainte qu'en matière civile et commerciale : or, dans l'hypothèse qui nous occupe, le tribunal civil a statué sur des dommages qui ont leur source dans une infraction pénale.

Il peut arriver, a-t-on fait remarquer encore, qu'un tribunal civil, par une décision rendue en dernier ressort, assigne une durée excessive à la contrainte. Ne sera-t-il pas nécessaire de la faire réformer ? Cette considération n'a point grande valeur, car le débiteur aura toujours la faculté de s'adresser à la Cour de Cassation, qui annulera le jugement *parte in quâ*.

SECTION II

CALCUL DE LA DURÉE

La durée de la contrainte a été réglée par l'article 9 de la loi de 1867, ainsi qu'il suit :

« De deux jours à vingt jours lorsque l'amende et les autres condamnations n'excèdent pas cinquante francs ;

« De vingt jours à quarante jours lorsqu'elles sont supérieures à cinquante francs et qu'elles n'excèdent pas cent francs ;

« De quarante jours à soixante jours lorsqu'elles sont supérieures à cent francs et qu'elles n'excèdent pas deux cents francs ;

« De deux mois à quatre mois, lorsqu'elles sont

supérieures à deux cents francs et qu'elles n'excèdent pas cinq cents francs;

« De quatre mois à huit mois, lorsqu'elles sont supérieures à cinq cents francs et qu'elles n'excèdent pas deux mille francs;

« D'un an à deux ans, lorsqu'elles s'élèvent à plus de deux mille francs;

« En matière de simple police la durée de la contrainte par corps ne pourra excéder cinq jours. »

D'après les termes de l'article 9, la durée de la contrainte est calculée par conséquent sur l'ensemble des condamnations pécuniaires prononcées par le jugement, sans qu'il y ait à se préoccuper de savoir si elles profitent à l'Etat ou à la partie civile (1).

On a cependant soutenu que ce procédé n'est applicable qu'au cas où toutes les condamnations sont adjugées à une seule et même partie, mais qu'il ne doit plus en être ainsi lorsqu'il y en a plusieurs en cause, et qu'en pareil cas, la contrainte doit être établie d'une façon distincte pour chacune d'elles, et d'après le montant des condamnations qui lui ont été allouées (2).

Cette opinion ne saurait être admise, car elle est contraire au texte de la loi de 1867 (3). Elle est ce-

(1) Cass., 26 juill. 1872, D. P. 72, 1, 473. Cass., 28 déc. 1872, D. P. 73, 5, 137. Cass., 2 avril 1874, D. P. 75, 1, 141. Cass., 13 mai 1882, D. P. 82, 1, 275.

(2) Garraud, t. II, p. 67. Cass., 20 avril 1882, D. P. 82, 1, 273.

(3) Darbois, p. 176. Dalloz, V° Contrainte par corps, n° 268. Paris, 15 mai 1868, D. P. 68, 2, 233 et 234. Cass., 19 nov. 1869, D. P. 70, 1, 444. Cass., 13 mai 1882, D. P. 82, 1, 275.

pendant très rationnelle. A notre avis, le législateur a eu le tort d'établir une confusion entre les diverses condamnations, d'autant plus qu'elles participent d'une nature différente et ne sont point recouvrées par les mêmes personnes ; les amendes appartiennent à l'Etat, les frais sont une avance du Trésor ou de la partie civile, les dommages-intérêts et restitutions sont alloués à la partie lésée. La fixation de la durée de la contrainte *in globo*, a pour effet de faire bénéficier la partie la plus diligente seule de cette voie d'exécution, en sorte que les autres créanciers voient leur droit épuisé avant d'en avoir usé.

Lorsqu'une condamnation solidaire a été prononcée contre plusieurs co-auteurs ou complices, la durée de la contrainte est établie pour chacun d'eux d'après le total des condamnations prononcées, l'un quelconque des condamnés étant en effet tenu pour le tout (1).

Le juge étant dans l'obligation de déterminer la durée de la contrainte, il importe que la liquidation des dommages-intérêts et des frais soit faite dans le jugement. Si la liquidation ne peut avoir lieu à ce moment, la détermination de la durée de la contrainte doit être renvoyée à une audience ultérieure, sans quoi la fixation serait entachée de nullité, à moins que le jugement ne la fixe au minimum ou au maximum, formule usitée en pratique (2).

(1) Aubry et Rau, t. 8, § 782, note 13. Darbois, 178. Guyot et Puton, p. 147. Cass., 3 février 1843 D. P. 43. 4. 110. Angers, 16 mars 1868. D. P., 68, 2. 460.

(2) Cass, 22 sept. 59. D. P. 59, 1. 430, Cass., 14 avril 1861. D, P. 64. 5. 111 ; Cass., 20 dec. 1861. D. P. 62. 5, 84., Cass., 26 juill.

Le paiement partiel des condamnations encourues n'est pas une cause de la diminution de la durée de la contrainte. Elle reste fixée d'après le chiffre primitif de la dette et le condamné est tenu de la subir intégralement. (Arg. des art. 798 et 800 du Code de proc. civile) (1).

Les décimes qui d'après les lois de finances (2) viennent s'ajouter à l'amende doivent-ils compter dans le calcul de la durée? La question est fort controversée. L'affirmative a été admise par la Cour de Cassation, mais elle est sur ce point en divergence avec certaines Cours d'appel et la plupart des auteurs (3). Sa doctrine a été développée dans un arrêt du 27 août 1868, ainsi qu'il suit :

« Attendu que la loi du 6 prairial an VII, en ordonnant la perception à titre de subvention de guerre,

1872, D. P. 72, 1. 473; Cass., 28 déc. 72. D. P. 73, 5. 137. Cass. 13 mai 82. D. P. 82. 1. 275.

(1) Darbois, p. 184; Dall, V° *Cont. par corps*, n. 491 ; Trib. de Mantes, 5 mai 1888, Pal. 88. 1. 850.

(2) Loi du 6 prairial an VII et loi du 14 juillet 1855.

(3) Pour l'affirmative, Darbois, p. 178 et suiv., Cass., 27 août 1868, D. P., 69. 1, 161 ; Cass., 2 juin 1870, D. P., 70, 1, 286 ; Cass., 8 sept. 1870. D. P., 71, 1, 266 ; Cass., 16 janvier 1872. D. P., 72, 1, 329.

En sens contraire : *Revue prat. 1870*, p. 209 et suiv., art. de M. Le Serrurier. — *Revue critique 1871-72*, pp. 737 et suiv., article de M. E. Naquet. — Morin, *Journal de Droit Crim.* 1868, art. 8667. — Dutruc, *Jour. du Min. pub.*, 1868, p. 125 et 1869, p. 26 et suiv. — Garraud, t. II, p. 68 ; Metz, 29 avril 1868, D. P., 68 2, 89 ; Douai, 17 juin 1868 D. P. 69, 1. 163 ; Lyon, 14 mars 1870, D. P., 70, 1, 287.

d'un décime par franc en sus des impôts qu'elle énumère et en sus des amendes et condamnations judiciaires, veut que ce décime soit perçu en même temps que le principal, par les mêmes préposés, et par conséquent en la même forme, ainsi que le décident expressément les deux autres lois du même jour établissant une subvention de guerre en sus de la contribution foncière et de la contribution mobilière; que ce décime ainsi perçu par les diverses administrations chargées de recouvrer le principal, est donc une élévation, une véritable augmentation des impôts de toutes sortes et des amendes; que l'article 5 de la loi du 14 juillet 1855 ne laisse pas de doute à cet égard puisqu'il dispose en termes exprès que « le principal des impôts et des produits de toute « nature, soumis au décime par les lois en vigueur « (ce qui comprend nécessairement les amendes) « sera augmenté d'un nouveau décime » ; qu'il est donc incontestable que le décime et le nouveau décime sont une augmentation des amendes, qu'ils en font partie et en prennent la nature;. . Attendu que le décime et le double décime, suppléments de l'amende, s'ils sont perçus à titre de subvention de guerre, n'en sont pas moins partie intégrante de l'amende, qu'on peut dès lors les considérer comme rentrant dans cette expression « amende » dont se sert la loi de 1867 : d'où il suit qu'il en doit être tenu compte pour fixer la durée de la contrainte par corps. »

Les arguments sur lesquels s'appuie la Cour de Cassation sont donc les suivants : les décimes étant perçus en même temps que l'amende, par les mêmes préposés, deviennent un accessoire, une augmentation de cette dernière, ainsi que cela résulte de l'articlr 5 de la loi de 1855 et participent pour leur recouvrement des mêmes moyens d'exécution.

Cette assimilation est vivement combattue. Les lois de l'an VII et de 1855, fait-on observer tout d'abord, n'ont pas eu pour but, en établissant les décimes, d aggraver la pénalité, mais de créer des impôts. La Cour de Cassation a invoqué plusieurs motifs pour soutenir qu'ils s'identifiaient à l'amende et participaient par suite de sa nature. L'amende et les décimes, a-t-elle dit, sont recouvrés par les mêmes préposés. Faut-il en conclure que le législateur a voulu les confondre ? Il arrive souvent que, dans un but d'économie et de simplification, un même agent perçoit des fonds de nature différente. Il n'y avait aucun motif de confier à une administration nouvelle le droit de réclamer les décimes. Celle chargée de recouvrer les amendes paraissait mieux en mesure que tout autre de les percevoir, puisqu'elle était fixée d'une façon exacte sur le montant de l'amende. Ce que l'on pouvait demander, c'est qu'aucune confusion ne s'établit entre les diverses recettes ; or, la loi de prairial an VII avait décidé, dans ce but, qu'il serait tenu compte du décime par un article séparé.

La perception du décime dans les mêmes formes que l'amende n'est pas plus probante. Pas besoin n'était d'en créer de nouvelles, puisque celles qui existaient étaient suffisantes.

L'expression « augmenté » dont s'est servi le

législateur, n'a pas été choisie à dessein par lui, il n'a pas voulu lui donner un sens absolument technique. Elle est plutôt la traduction des termes de la loi de prairial an VII « il sera perçu un décime en sus de l'amende », et veut simplement dire que le condamné ne se trouvera pas complètement libéré en payant l'amende, et qu'il lui faudra verser un dixième en plus.

Si les décimes s'incorporent à l'amende, ils deviennent une peine complémentaire qui doit être prononcée par le juge comme une peine principale. Ils ont alors pour effet de modifier les règles sur la compétence et sur l'appel. Comme le fait remarquer un arrêt de la Cour de Metz (1) « si la doctrine de l'incorporation de l'accessoire au principal, ou de la tranformation du décime en amende, a pour effet d'aggraver la situation du condamné, il est juste de constater que celui-ci peut trouver dans cette aggravation même, un moyen de défense, en ce que, dans certains cas, et notamment pour les jugements de police et jugements correctionnels mentionnés aux art. 172 et 192 du Code d'Instruction criminelle, l'élévation de l'amende leur permet de porter devant la juridiction supérieure un appel que rendrait impossible le taux de l'amende adopté par la loi pénale comme limite du dernier ressort. »

En résumé, pour établir que les décimes perdent le caractère exclusif d'impôt et participent de la nature de l'amende, la Cour de Cassation ne s'appuie sur au-

(1) Metz, 17 déc. 1868. D. P. 69, 2, 80.

cun texte net et formel, les motifs qu'elle invoque ne sont pas décisifs, et sa jurisprudence conduit à des conséquences peu juridiques.

Nous savons que depuis la loi du 19 décembre 1871 les frais dus à l'Etat sont aussi bien que les autres condamnations comptés pour le calcul de la durée de la contrainte. Les seuls dont il puisse être question ici sont ceux qui ont été nécessaires pour obtenir le jugement et le rendre complet, et non ceux qui ont été exposés postérieurement pour assurer son exécution (1).

Le maximum de la contrainte ne peut jamais excéder deux ans, soit que le jugement statue sur un délit unique ou sur plusieurs délits distincts (2), et lors même que les condamnations prononcées au profit de la partie lésée dépassent 2,000 francs. Mais si plusieurs condamnations successives sont prononcées contre un même individu, la durée de la contrainte doit être calculée par rapport à chacune d'elles, de telle sorte qu'il y ait autant de contraintes que de jugements de condamnation, ce qui fait qu'ajoutées ensemble, elles peuvent dépasser deux ans (3).

Cependant, dans un but d'humanité, le législateur de 1867 a étendu à la contrainte, le principe du non cumul des peines qu'il a posé dans l'article 365 du

(1) Pont, nº 989. Sourdat, n. 209. Guyot et Puton, p. 145. Darbois, p. 183.

(2) Pont, nº 990 ; Aubry et Rau, t. 8, p. 782 ; Cass., 2 avril 1874 ; D. P., 75. 1, 141.

(3) Guyot et Puton, p. 148.

Code d'instruction criminelle. C'est ainsi qu'aux termes de l'article 12 : « les individus qui ont obtenu leur élargissement ne peuvent plus être détenus ou arrêtés pour condamnations pécuniaires antérieures, à moins que ces condamnations n'entraînent, par leur quotité, une contrainte plus longue que celle qu'ils ont subie, et qui, dans ce dernier cas, leur est toujours comptée pour la durée de la nouvelle incarcération. » Grâce à ce bénéfice, le condamné incarcéré n'est plus soumis à la contrainte pour le recouvrement des condamnations antérieures à son élargissement quelle qu'en soit la cause. Néanmoins, si l'une d'elles comporte une contrainte d'une durée plus longue que celle qui a été exécutée contre lui, le temps qu'il a passé en prison lui compte, et il n'est tenu que de subir le surplus. Il n'est point nécessaire que les créanciers aient connu l'incarcération, l'article 12 leur est toujours opposable (1).

Y a-t-il lieu de fixer la durée de la contrainte dans l'arrêt qui prononce, contre le condamné, une peine perpétuelle ou la peine de mort ? Avec la Cour de Cassation, nous pensons que la contrainte est inconciliable avec les peines perpétuelles, car elle devient sans effet. Sans doute, les peines perpétuelles sont susceptibles d'être commuées, le condamné peut être gracié, mais il n'appartient pas aux juges de prévoir ces éventualités et de prononcer la contrainte pour le cas où elles viendraient à se produire ; en agis-

(1) Darbois, p. 190.

sant ainsi ils s'attribueraient un pouvoir que la loi ne leur reconnait pas (1).

La relégation cependant, quoique étant une peine perpétuelle, est compatible avec la contrainte, car elle laisse une liberté relative au condamné et lui permet d'acquérir des biens qui lui sont propres. On conçoit, dès lors, que la contrainte puisse être prononcée par le jugement de condamnation et exercée contre le relégué pour le recouvrement des frais de justice (2).

SECTION III

RÈGLES SPÉCIALES A CERTAINES MATIÈRES POUR LE CALCUL DE LA DURÉE DE LA CONTRAINTE PAR CORPS

L'échelle établie par l'article 9 fixant la durée de la contrainte est générale. Elle reçoit cependant quelques dérogations en ce qui concerne les condamnations de simple police et celles prononcées en matière forestière et de pêche fluviale, qui sont soumises à certaines règles spéciales.

(1) Cass., 15 avril 1847, D. P., 47. 4, 280. Cass., 27 avril 1876, D. P., 77, 1, 92. Cass., 9 juin 1877, D. P., 77, 1, 406. Cass., 13 juin 1879. D. P., 79, 5, 100. Cass., 20 juill. 1882, D. P., 82, 5, 129. Cass., 21 juin 1889, D. P., 90, 1, 284. Cass., 6 mai 1892, D. P., 93, 1, 560. Cass., 26 nov. 1896, D. P., 97. 1, 239. — Darbois, p. 185. Guyot et Puton, p. 53. Pont, n. 988. Garraud, t. II, p. 70. — *Contra* : Blanche, t. I, n. 386 à 388. Sourdat, nº 208 bis.

(2) Cour d'assises de Lot-et-Garonne, 15 mars 1886, D. P., 86, 2, 149. Cass., 8 avril 1886, S., 86, 1, 395. Cour d'assises d'Indre-et-Loire, 28 sept. 1887. *Journ. min. pub.*, 1887, p. 188.

En matière de simple police, la contrainte ne peut excéder cinq jours quel que soit le chiffre des condamnations prononcées (1). On a pensé qu'il était équitable de ne pas lui donner une durée plus longue que celle de la peine elle-même qui est de cinq jours. Le législateur n'ayant pas prévu de minimum particulier, il n'est point permis dans un jugement de simple police de limiter la durée de la contrainte à un jour seulement comme la peine d'emprisonnement elle-même. Il convient dès lors, dans le silence du texte, de faire application du paragraphe Ier de l'article 9, qui fixe d'une manière générale le minimum à deux jours lorsque l'amende et les autres condamnations ne dépassent pas cinquante francs (2). Il parait résulter d'ailleurs des travaux préparatoires que le législateur s'est préoccupé seulement d'assigner un minimum de durée à la contrainte, sans chercher à établir une corrélation quelconque entre cette dernière et la peine de l'emprisonnement (3).

Les règles que nous venons d'énoncer reçoivent leur application du moment où il s'agit d'un fait légalement qualifié contravention quel que soit le tribunal chargé de statuer (4).

(1) Loi de 1867, art. 9.

(2) Darbois, p. 196. Dutruc, Mém. du min. publ., Vo Cont. par corps, no 7. Guyot et Puton, p. 150; Pont, no 987 *bis*; Cass. 17 avril 1874, D. P. 75, 1, 238.

(3) Exp. des motifs (Monit. 65, 1er semest. p. 485, 486, 487) Rapport déposé, le 28 juin 66 (Monit. 66, p. 1376, 1379, 1382, 1385, 1388, 1403, 1406, 140.).

(4) Darbois, p. 197 et suiv.

En ce qui concerne les matières forestière et de pêche fluviale, l'article 18 de la loi de 1867 contient la disposition suivante :

« Le titre XIII du Code forestier, et le titre VII de « la loi sur la pêche fluviale sont aussi maintenus et « continuent d'être exécutés en ce qui n'est pas con- « traire à la présente loi.

« En matière forestière et de pêche fluviale, lorsque « le débiteur ne fait pas les justifications de l'arti- « cle 420 du Code d'Instruction criminelle, la durée « de la contrainte par corps est fixée par le jugement « dans les limites de huit jours à six mois. »

Les tribunaux peuvent, par conséquent, faire varier la contrainte entre huit jours et six mois, quel que soit le chiffre des condamnations prononcées. La loi de 1867 a voulu abroger les articles 212 du Code forestier et 78 de la loi du 15 avril 1829, d'après lesquels, la contrainte pouvait ère subie indéfiniment, c'est pourquoi elle a fixé un maximum de six mois. Comme fait observer avec raison M. Darbois, tout en maintenant ce maximum, il paraissait plus simple d'adopter pour ces matières l'échelle établie par l'article 9, et de ne pas donner au juge le pouvoir de prononcer une contrainte excessive pour une amende minime (1).

La contravention forestière ne serait-elle passible que d'une peine de simple police, que la disposition

(1) Darbois, p. 199.

finale de l'article 9, réduisant à cinq jours la durée de la contrainte, ne paraît pas susceptible d'être appliquée, l'article 18 ne faisant aucune distinction entre les affaires forestières (1).

(1) Darbois, p. 200.

CHAPITRE VI

Exécution de la contrainte par corps

SECTION PREMIÈRE

DES CRÉANCIERS AUXQUELS EST RÉSERVÉ LE DROIT D'EXERCER LA CONTRAINTE PAR CORPS

Les seuls créanciers qui peuvent réclamer l'exercice de la contrainte par corps sont, d'après la loi de 1867 (1), l'Etat pour le recouvrement de l'amende et des frais, et les particuliers pour celui des dommages-intérêts et restitutions qui leur ont été alloués.

Le recouvrement des condamnations prononcées au profit de l'Etat est poursuivi, soit par les percepteurs des contributions directes (2), soit par les administrations publiques auxquelles a été accordé le droit de poursuivre la répression des condamnations encourues pour infractions aux lois spéciales qu'elles sont chargées d'appliquer.

En ce qui concerne les particuliers, le droit d'exercer la contrainte ne se trouve pas attaché à la personne ; l'article 5 n'exige pas en effet qu'elle soit exécutée à la requête de la partie lésée. D'où il suit que la cession de créance ne change en rien les règles de l'exécution. La contrainte suit la créance dont elle est l'accessoire et, par conséquent, le cessionnaire ou

(1) Loi de 1867, art. 3, 4 et 5.
(2) Loi du 29 déc. 1873, art. 25.

les héritiers du créancier quoique n'ayant point personnellement souffert de l'infraction, peuvent y avoir recours.

Doit-on aller plus loin, et admettre la cessibilité de l'action civile à laquelle le délit a donné naissance, et le droit pour le cessionnaire de poursuivre le délinquant devant la juridiction répressive ? Cette solution a été rejetée par une jurisprudence récente (1).

L'exercice de l'action civile devant la juridiction répressive, dit la Cour de Cassation, doit avoir pour base un intérêt direct et personnel ; elle ne saurait être recevable lorsque la partie qui l'intente n'a pas été lésée par le délit, à moins qu'elle n'agisse comme le créancier en vertu de l'article 1166, au nom de la victime de l'infraction elle-même (art. 1, 63, 182, du Code d'Inst. crim.).

Le cessionnaire n'a souffert aucun dommage, et ne représente pas la victime du délit puisque la cession qui lui a été consentie a fait passer sur sa tête les droits de la partie lésée ; il ne remplit pas, par conséquent, les conditions prescrites par les articles 63, 66 et 67 du Code d'Instruction criminelle.

Cette raison n'est pas la seule. L'exercice de l'action civile devant la juridiction répressive, a pour résultat de mettre en mouvement l'action publique. C'est là un droit exceptionnel réservé à la partie lésée, puisque suivant le droit commun, c'est devant la juridiction civile que sont portées les actions en dom-

(1) Jug. du Trib. de la Seine, du 14 août 1889, *Revue crit.*, 1890, p. 100 ; Crim. Cass., 25 fév. 1897, S., 98, 1, 201.

mage ; d'où, on doit conclure qu'il est par sa nature exclusivement attaché à la personne, strictement limité, et ne peut faire l'objet d'une cession, qui, serait contraire aux articles 1 et 63 du Code d'Instruction criminelle, et à l'ordre public.

Les considérations que la Cour de Cassation a fait valoir à l'appui de son système n'ont point paru convaincantes, et des critiques ont été formulées à leur encontre (1).

Sa théorie, objecte-t-on, renferme une contradiction. Il en découle notamment, que l'action civile est cessible ou incessible suivant qu'elle est portée devant la juridiction civile ou pénale. Si devant un tribunal répressif elle revêt en effet le caractère d'une plainte qu'il appartient à la partie lésée seule ou à ses représentants d'introduire, il n'en est plus de même devant un tribunal civil ; elle se réduit ici à une demande ayant pour objet la réparation d'un simple fait dommageable, et n'a point pour conséquence de mettre en mouvement l'action publique. Cette différence de solution est singulière, puisque le même droit, la même créance, la même réparation due à la victime du délit, sera cessible ou incessible suivant la nature de la juridiction appelée à statuer.

Le premier argument de la Cour de Cassation, tiré des articles 1, 63, 182 du Code d'Instruction criminelle, sur lesquels elle s'appuie pour décider que le cessionnaire n'ayant pas personnellement souffert de l'infraction ne peut exercer l'action civile devant

(1) Note de M. Roux sous l'arrêt précité. S 98, 1. 201.

une juridiction repressive, n'est pas probant. Le cessionnaire ne peut-il point, en effet, être considéré comme agissant au nom de la victime de l'infraction, en vertu de son mandat et en la représentant? Une telle convention est parfaitement licite et n'est contraire à aucun principe juridique.

On ne saurait méconnaître, observe encore la Cour de Cassation, que l'exercice de l'action civile devant les tribunaux répressifs constitue un droit exceptionnel qui doit être strictement limité. En refusant cependant ce droit, au cesionnaire, elle parait donner une interprétation trop rigoureuse à l'article premier du Code d'Instruction criminelle. Elle est la première à admettre qu'il n'est point indispensable que l'action soit intentée par la partie qui a été personnellement lésée. Elle autorise le père au nom de son fils mineur, le mari au nom de sa femme, le tuteur au nom du pupille, le créancier au nom de la partie lésée, à demander la réparation du dommage que lui a causé l'infraction. Si donc les termes de l'article premier permettent l'exercice de l'action civile à un représentant légal, pourquoi n'en serait-il pas de même pour un représentant conventionnel, librement choisi par la partie lésée? Le cessionnaire agissant au nom de cette dernière, n'étant que son mandataire, peut porter l'action civile devant la juridiction répressive, et bien qu'au fond son intérêt personnel seul soit en jeu, il n'y a point là une cause susceptible de modifier les conditions d'exercice de l'action.

La cession consentie peut, d'après les conventions

des parties et sans que notre droit s'y oppose, concéder au cessionnaire tous les bénéfices de la créance, en laissant reposer cependant sur la tête du cédant la qualité dè créancier. Pourquoi ne considérerait-on pas cette restriction comme tacitement consentie, si elle doit avoir pour effet de permettre au cessionnaire de saisir la juridiction répressive, plus avantageuse pour lui que la juridiction civile ?

SECTION II

Procédure d'exécution de la contrainte par corps

Antérieurement, à la loi de 1867, les règles, concernant l'exécution de la contrainte en matière civile, se trouvaient tracées dans les articles 780 à 805 du Code de procédure. En matière criminelle les mêmes dispositions étaient appliquées, sauf les modifications qui avaient été introduites par l'article 33 de la loi du 17 avril 1832, lequel établissait en matière d'arrestation, d'emprisonnement et d'écrou, des règles plus simples que celles qui étaient mentionnées dans le code de procédure.

La loi de 1867 a reproduit l'article 33 de la loi de 1832. Comme cette dernière, elle a formulé des règles concernant les formalités qui précèdent ou accompagnent l'arrestation, l'emprisonnement et l'écrou, mais ne s'est point expliquée sur les autres détails de la procédure d'exécution. A leur égard, on doit considérer comme maintenues les dispositions du Code de procédure du moins en ce qui n'est pas contraire à la loi de 1867.

L'exécution de la contrainte peut se diviser en quatre phases distinctes : 1° Formalités préliminaires de l'arrestation ; 2° Arrestation ; 3° Incarcération ; 4° Elargissement.

I

Formalités préliminaires de l'arrestation. — L'article 3 de la loi de 1867 indique les formalités préalables à l'arrestation communes à tous les cas de contrainte et qui sont au nombre de trois : le commandement signifié au débiteur, la demande d'incarcération adressée au parquet, le réquisitoire d'arrestation.

Le commandement adressé au débiteur à la requête du créancier doit être fait dans les termes ordinaires par ministère d'huissier (1). Cependant, lorsqu'il s'agit de l'exécution de condamnations prononcées au profit de l'Etat, les porteurs de contrainte peuvent, aux termes de la loi de finance du 29 décembre 1873, « remplacer les huissiers pour l'exercice des poursuites » et, par suite, être chargés du commandement.

Deux hypothèses peuvent se prévoir, suivant que le commandement a été ou non précédé de la signification du jugement de condamnation. Dans le premier cas, il est pur et simple ; il suffit qu'il contienne sim-

(1) Guyot et Puton, p. 104 ; Dalbois, p. 299. On considère comme abolie par la loi de 1867, la disposition de l'art. 780 du Code de proc. qui exigeait un huissier commis. V. Pandectes, v° Cont. par corps. n° 362.

plement l'ordre de payer. Si, au contraire, aucune signification préalable n'a eu lieu, le commandement doit alors porter en tête un extrait du jugement qui est intervenu, lequel contient le nom des parties et le dispositif, notamment le montant de la condamnation et la durée de la contrainte (1). Avec M. Dalloz nous pensons cependant, que les jugements par défaut, doivent, conformément au droit commun, être signifiés en entier et non pas seulement par extrait (2).

On considère comme encore en vigueur la disposition de l'article 784 du Code de procédure, d'après laquelle s'il s'est écoulé plus d'une année depuis le commandement, il doit être renouvelé avant d'exercer la contrainte (3).

Les règles que nous venons d'énoncer s'appliquent également en matière forestière et de pêche fluviale, bien que les lois qui les régissent disent que l'exécution peut avoir lieu « cinq jours après un simple commandement fait aux condamnés (4) », sans parler de l'extrait du jugement. Ces dispositions contraires à celles de la loi de 1867, doivent être considérées comme ayant été abrogées par elle.

Un délai de cinq jours doit s'écouler après la signification du commandement avant d'exécuter la contrainte. Ce délai est, conformément à l'art. 1033 du Code de procédure, un délai franc, c'est-à-dire ne

(1) Loi de 1867, art. 3.

(2) Dalloz, V° Cont. par corps.

(3) Darbois, p. 299.

(4) Code forestier, art. 211; Loi du 15 avril 1829, art. 77.

comprenant ni le jour du commandement, ni celui de l'arrestation (1).

Après l'expiration du délai de cinq jours, l'agent représentant l'État, ou le créancier, adressent une requête au parquet pour demander l'exécution de la contrainte. Cette requête n'est soumise à aucune forme spéciale ; elle indique le chiffre de la dette recouvrable par corps et est accompagnée du commandement et aussi de la signification si elle a été faite auparavant, afin que le parquet puisse s'assurer si les formalités exigées par la loi ont été remplies.

Quand la requête est régulière, le ministère public ne peut s'empêcher d'y faire droit. Il n'a pas à apprécier au fond la mesure d'exécution qui lui est réclamée, à se faire juge de son opportunité. Au cas de refus, sans motif de sa part, de délivrer la réquisition d'incarcération, le créancier a contre lui une action contentieuse exercée en vertu de l'article 1382 du Code civil, et suivant les formes de la prise à partie, telle qu'elle est réglée par les articles 505 et suivants du Code de procédure (2).

Il est admis cependant, et c'est d'un usage constant en pratique, que lorsque la contrainte est exercée dans l'intérêt de l'État, le ministère public peut, avant d'adresser aux agents la réquisition d'incarcération, inviter le débiteur d'avoir à payer dans un

(1) Guyot et Puton, p. 85. — Darbois, p. 301.

(2) Guyot et Puton, p. 87. — Darbois, p. 307. — Gillet, Circ. du 3 juill. 1818 et du 21 sept. 1819, nos 1260 et 1359. — Gillet, Décision minist. du 20 juill. 1836, no 2635.

bref délai, sans quoi il sera procédé à son arrestation. Si la demande émane au contraire d'un particulier, il ne paraît pas qu'il puisse agir de la sorte et compromettre par un retard le recouvrement de la créance.

Le parquet compétent pour requérir l'incarcération est celui du tribunal qui a prononcé la condamnation. Si elle émane d'une Cour d'assises ou d'appel, c'est le Procureur général qui établit la réquisition.

Cette dernière est adressée aux agents de la force publique, et autres fonctionnaires chargés de l'exécution des commandements de justice, c'est-à-dire les huissiers, gendarmes, agents de police, gardes forestiers, préposés du service actif des douanes, ces derniers seulement en matière forestière et de douanes (1).

II

De l'Arrestation. — Les règles du Code de procédure relatives aux formes de l'arrestation ne sont plus aujourd'hui en vigueur. Depuis la loi de 1867, le droit de requérir l'arrestation n'appartient plus aux particuliers, mais seulement au ministère public. On conçoit dès lors que les formalités prescrites par le Code de procédure comme garantie de la liberté individuelle, telles que l'itératif commandement,

(1) Darbois, p. 308. — Décret du 7 avril 1813, art. 6. — Paris, 25 mai 1845. D. P., 45, 2. 105. Cass., 5 août 1846, D. P., 46, 1. 366.

l'élection de domicile, l'assistance de deux recors, ne soient plus applicables (1).

Si les règles prescrites par le Code de procédure relativement aux formes de l'arrestation ne sont plus en usage, on doit cependant considérer comme maintenues celles qui sont fondées sur des considérations d'ordre général, et que n'a point abrogées la loi de 1867.

Ainsi, aux termes de l'article 781 du Code de procédure, l'arrestation ne peut se produire « avant le lever et après le coucher du soleil », déterminé pour chaque jour par les tables astronomiques. Il en est de même des jours de fêtes légales (2).

On s'est demandé s'il n'y avait pas lieu de compléter l'article 781 par l'article 1037, qui permet de faire des actes d'exécution en dehors des heures légales et un jour férié avec permission du juge, et dans le cas où il y aurait péril en la demeure. La question est controversée.

On a soutenu que la loi doit être ici interprétée restrictivement étant donné la matière dont il s'agit, que l'article 1037 n'est pas applicable au cas prévu par les §§ 1 et 2 de l'article 781, sans quoi ils devraient être rayés comme inutiles (3).

(1) Code proc., art. 783.

(2) Les jours de fête légale sont : les dimanches, Noël, l'Ascension, l'Assomption, la Toussaint et le 1er janvier (loi du 18 germinal an X et arrêté du 29 germinal an X). Il faut y ajouter les lundis de Pâques et de la Pentecôte (loi du 8 mars 1886).

(3) Darbois, p. 313. Garsonnet, t. IV, p. 833, n. 6 — Paris, 8 mai 1856, D. P., 56, 2, 180.

Dans une autre opinion (1) que nous partageons, on admet, au contraire, que les dispositions de l'article 1037 sont générales et absolues sans distinction possible, « qu'il fait partie des dispositions générales qui terminent le Code de procédure civile et dont l'objet est d'établir des règles uniformes en fixant le véritable sens de quelques articles susceptibles d'interprétations diverses ; qu'il gouverne toutes les exécutions et se réfère conséquemment à l'article 781 compris dans le livre V sur l'exécution des jugements (2) ».

D'après le même article 781, l'arrestation ne peut être effectuée : dans les édifices consacrés au culte pendant les exercices religieux ; dans le lieu même et pendant la tenue des séances ou audiences des autorités constituées ; dans une maison quelconque, même au domicile du débiteur, sans un ordre donné par le juge de paix du lieu qui doit se transporter dans la maison avec l'agent qui opère l'arrestation ou délègue à cet effet le commissaire de police.

Les édifices consacrés au culte sont ceux qui ont été reconnus et approuvés par la loi (3).

Dans les mots « exercices religieux » rentrent toutes les cérémonies, rites, etc., quelle que soit leur nature (4).

(1) Carré, t. VI, 2e partie, quest. 2639. — Paris, 17 sept. 1862, D. P. 62. 5, 85. Paris, 12 janv. 1863, D. P., 63, 5, 94.

(2) Paris, 12 janv. 1863, D. P., 63, 5, 94.

(3) Loi du 18 germinal an X, art. 44 ; Décret du 30 sept. 1807, art. 8 et suiv.

(4) Dalbois, p. 344. — Carré, t. VI, 2e partie, quest. 2647. — Dalloz, vo *Culte*, no 97.

Si l'arrestation n'est pas praticable « dans le lieu et pendant la tenue des séances ou audiences des autorités constituées », elle peut l'être au contraire en dehors et notamment dans les cours, escaliers ou corridors qui sont une dépendance de l'édifice où se tiennent ces séances (1).

On entend par autorités constituées : les corps administratifs, judiciaires ou militaires, tels que les tribunaux, les conseils de révision, les bureaux électoraux.

L'article 781 interdit encore l'arrestation dans le domicile du débiteur et dans une maison quelconque, sans une autorisation du juge de paix. L'expression « maison quelconque » s'entend dans un sens très large, et comprend tout ce qui fait partie de l'habitation privée et s'y trouve rattaché, tel que : cour, hangar, jardin, etc., ainsi que les lieux publics, comme les théâtres, où l'on n'est admis que moyennant rétribution, mais ne s'étend pas aux édifices publics qui sont accessibles à tout le monde (2).

Il ne parait point nécessaire que le juge de paix rende une ordonnance écrite lorsqu'il se transporte lui-même sur les lieux ; ce serait une formalité inutile. Il n'en sera pas de même s'il délègue le commissaire de police, qui doit pouvoir justifier de sa délégation

(1) Carré, t. VI, 2e partie, quest. 2643. — Darbois, p. 314. — Trib. Toulouse, 22 janv. 1851, D. P., 55, 5, 109. — Trib. Toulouse, 29 juin 1854, D. P. 55, 2, 255.

(2) Paris, 25 juin et 22 nov. 1827. — Dall, v°, *Cont. par corps*, n° 823 ; Riom, 22 juin 1837. Dall, v°, *Cont. par corps*, n° 827.

auprès du débiteur ou des personnes au domicile desquelles il se trouve (1).

Il est permis de prendre, avant l'arrivée du juge, toutes les mesures extérieures de surveillance qui ne constituent point une violation de domicile (2).

Les termes de l'article 781 « à moins qu'il n'en eût été ainsi ordonné par le juge de paix du lieu, lequel devra dans ce cas se transporter », semblent indiquer que ce magistrat possède un pouvoir souverain d'appréciation et qu'il reste libre de ne pas accéder à la requête qui lui est faite, sauf à faire connaître par une ordonnance écrite les motifs de son refus (3).

Les règles du Code de procédure relatives aux formes de l'arrestation n'étant plus en vigueur, le procès-verbal qui est dressé ne se trouve assujetti à aucune formalité particulière. Il suffit qu'il énonce les noms et prénoms du débiteur, son domicile réel, l'heure de l'arrestation, et le réquisitoire en vertu duquel elle a été opérée.

Des incidents peuvent s'élever au moment de l'arrestation du débiteur. Celui-ci peut demander à s'acquitter du montant de sa dette. Il y a lieu de distinguer, en pareil cas, si c'est un huissier ou un agent de la force publique qui est chargé de faire exécuter la contrainte. L'huissier, d'après l'ordonnance du 3 juillet 1816 (4), est autorisé à recevoir le paiement

(1) Darbois, p. 316.
(2) Dall, v°, *Cont. par corps*, 828.
(3) Darbois, p. 317.
(4) Ord. du 3 juill. 1816, art. 2 et 3.

de la somme due, et n'est tenu de la verser à la Caisse des dépôts que si le créancier ne l'a point acceptée dans les vingt-quatre heures. Les gendarmes et autres agents de la force publique ne peuvent au contraire recevoir les fonds et doivent conduire le débiteur devant le percepteur, auprès duquel il s'acquitte du montant de sa dette (1). Si la contrainte est exercée en faveur d'une partie civile, le paiement s'effectue entre les mains du gardien chef de la maison d'arrêt, au moment de l'écrou.

Des moyens de recours sont ouverts au débiteur pour réclamer contre l'exercice de la contrainte et contester la validité de l'arrestation. Il a le droit de requérir d'être conduit à l'audience des référés tenue par le président du tribunal ou le juge qui le remplace, et même à son domicile particulier si l'arrestotion est faite hors des heures de l'audience. Le magistrat n'a pas à revenir sur la chose jugée et ne doit se préoccuper que du point de savoir si l'exécution de la contrainte est possible. L'ordonnance du président est consignée sur le procès-verbal d'arrestation et exécutée sur-le-champ. L'agent qui refuserait d'accéder à la requête du débiteur serait condamné à 1,000 francs d'amende, sans préjudice des dommages-intérêts (2). Cet acte revêt le caractère d'un délit; il constitue une sorte de détention arbitraire et relève, en conséquence, des tribunaux répressifs (3).

(1) Circ Chancel., 25 avril 1888.

(2) Code de proc., art. 786 et 787. Loi du 17 avril 1832, art. 22.

(3) Carré et Chauveau, quest. nº 2677. Dalloz, vº *Contr. par corps*, nº 880 et suiv. Darbois, p. 322.

On décide que le droit pour le débiteur de se faire conduire en référé dure jusqu'à la clôture du procès-verbal d'écrou. Passé ce moment, cette voie de recours lui est fermée; il ne peut que former une demande en nullité de l'emprisonnement (1).

III

Incarcération. — L'article 788 du Code de procédure décide que : « si le débiteur ne requiert pas qu'il en soit référé, ou si en cas de référé le président ordonne qu'il soit passé outre, le débiteur sera conduit dans la prison du lieu, et s'il n'y en a pas dans celle du lieu le plus voisin; l'huissier et tous autres qui conduiraient, recevraient ou retiendraient le débiteur dans un lieu de détention non légalement désigné comme tel, seront poursuivis comme coupables du crime de détention arbitraire. »

La loi de 1867 ayant amené la suppression des prisons pour dettes, la contrainte est aujourd'hui subie dans la maison d'arrêt établie dans l'arrondissement où l'arrestation a été faite, mais non dans une maison centrale ainsi que cela résulte de l'article 788 lui-même, de la loi du 15 germinal an VI (2), et d'un avis du Conseil d'Etat du 15 novembre 1832.

Bien que la disposition finale de l'article 788 paraisse conçue en termes absolus, elle comporte néan-

(1) Dall., v° *Contr. par corps*, n°s 888 et 889. Darbois. p. 321. Douai, 23 nov. 1839. D. P., 40, 2, 115.

(2) Loi du 15 germinal an VI, titre III, art. 14.

moins des tempéraments. Des circonstances particulières et imprévues, les nécessités de la vie, rendent quelquefois nécessaire la détention provisoire du détenu dans un local autre que la maison d'arrêt. Elle ne peut néanmoins être taxée d'irrégulière de ce chef (1).

Les formalités prescrites par les articles 789 et 790 du Code de procédure pour la rédaction du procès-verbal d'écrou ne sont plus en vigueur. Elles constituaient des garanties pour le débiteur, et se comprenaient lorsque l'emprisonnement pouvait avoir lieu à la requête d'un simple particulier. Aujourd'hui que l'ordre d'arrestation émane du ministère public elles sont inutiles. L'agent qui a procédé à l'arrestation est simplement tenu de se conformer aux prescriptions de l'article 608 du Code d'Instruction criminelle c'est-à-dire de faire inscrire sur le registre de la prison le réquisitoire d'incarcération, de signer l'acte de remise et de s'en faire remettre une copie (2).

Lorsque la contrainte a lieu à la requête et dans l'intérêt des particuliers, la loi exige qu'ils pourvoient aux aliments du débiteur (3).

La consignation s'effectue entre les mains du gardien chef, et pour une période de trente jours. Elle est pour chacune d'elles, de quarante cinq francs à Paris, de quarante dans les villes de cent mille âmes, et de trente cinq dans les autres. La loi exige qu'elle

(1) Darbois, p. 328 ; Dijon, 26 janv. 66, D. P., 66, 2, 71.
(2) Darbois, p. 330.
(3) Loi de 1867, art. 6.

soit effectuée d'avance, c'est-à-dire avant l'écrou pour la première période, et pour les autres avant qu'elles soient commencées. Ces périodes se comptent par jour et non par heure (1). Si le débiteur a été déposé provisoirement dans un local autre que la maison d'arrêt, la consignation n'est point encore obligatoire, elle le devient seulement au moment de l'écrou (2). Le jour de l'incarcération, quelle que soit l'heure à laquelle elle se produise, est compris dans la première période de trente jours (3).

Un créancier n'est plus tenu de pourvoir à la nourriture du débiteur contraint par corps à sa demande, lorsque celui-ci est transféré dans une autre prison sous la prévention d'un délit. Le prisonnier reçoit ses aliments aux frais de l'État, puisqu'il se trouve incarcéré à la requête du ministère public et non plus du créancier. Au cas de réintégration dans la maison d'arrêt à la suite d'une ordonnance de non lieu, la consignation alimentaire faite précédemment reste valable et produit son effet bien que la période pour laquelle elle avait eu lieu soit expirée (4).

Le débiteur est en droit de demander la nullité de l'emprisonnement si la consignation n'a pas été faite avant l'écrou, mais il peut être incarcéré de nouveau pour la même dette, le surlendemain de sa sortie de

(1) Dall. V° Cont. par corps, n° 949. — Guyot et Puton, p. 119. — Douai, 19 déc. 42, S. 43. 2, 293. — 31 oct. 43, S. 44, 2, 153.

(2) Dijon, 26 janv. 66, D. P. 66, 2, 71.

(3) Paris, 6 déc. 1836, D. P. 37, 2, 51.

(4) Paris, 21 oct. 46, D. P. 46, 2, 202.

prison, sauf à lui de réclamer des dommages-intérêts au créancier qui l'a fait emprisonner irrégulièrement (1).

Les départements, les communes, les établissements publics, sont assimilés aux particuliers, et doivent pourvoir à la subsistance des prisonniers. L'État seul et les administrations qui le représentent ne sont point assujettis à la consignation des aliments (2).

Les frais de consignation des aliments peuvent-ils être recouvrés par les créanciers ? La loi de 1867 est muette à cet égard. Cependant l'article 800, § 2, du Code de procédure, permet de résoudre la question affirmativement. Ces frais ne sont qu'une avance faite par le créancier et peuvent être réclamés par lui, mais ils ne sauraient être une cause d'augmentation de la durée de la contrainte fixée par le jugement de condamnation.

La contrainte n'étant qu'une voie d'exécution, le débiteur qui s'y trouve soumis doit être isolé des condamnés à l'emprisonnement et des prévenus. En pratique cependant, il est obligé de subir leur contact dans le plus grand nombre des maisons d'arrêt, soit pour insuffisance des locaux, soit pour tout autre motif.

Quand un débiteur se trouve incarcéré à la requête d'un de ses créanciers, si un autre créancier a l'intention d'exercer contre lui la contrainte, il n'est

(1) Code de proc. art. 797 et 799.

(2) Décret du 8 mars 1808. — Inst. du 20 sept. 75, art. 229. — Darbois, p. 332. — Garsonnet t. IV, p. 883.

point nécessaire qu'il attende la fin de son incarcération pour le faire appréhender de nouveau ; la loi lui permet de le recommander, c'est-à-dire de s'opposer à sa mise en liberté à l'expiration de la détention qu'il subit pour une autre cause (1).

La recommandation ne peut naturellement être faite qu'en vertu d'un jugement qui entraine la contrainte, et par ceux-là seuls qui ont le droit de demander l'incarcération (2). Elle est soumise aux mêmes formes que l'emprisonnement lui-même (3). Il faut donc un commandement et une requête adressée au procureur de la République lequel donne l'ordre de garder le débiteur en prison. Le délai de cinq jours n'est pas ici nécessaire entre le commandement et la recommandation ; elle peut être ordonnée dès la notification du premier (4).

Conformément à l'article 786 du Code de procédure, le débiteur recommandé peut demander à être conduit en référé devant le président du tribunal qui statue comme au cas d'incarcération.

La consignation des aliments ayant été effectuée par le créancier qui a requis l'incarcération, le recommandant n'aura qu'à la renouveler aux échéances prévues, mais il n'en sera pas moins tenu de contribuer pour sa part à la nourriture du débiteur, et, en

(1) Code de proc., art. 792.

(2) C'est ainsi qu'elle n'est point permise aux parents et alliés au degré prévu par la loi.

(3) Loi de 1867, art. 3.

(4) Garsonnet, t. IV, p. 889. — Darbois, p. 342. — Paris, 18 sept. 1829, D. P., 30, 2, 26.

cas de refus, le premier créancier a le droit de l'assigner devant le tribunal civil du lieu (1).

La recommandation peut s'exercer tant que le débiteur n'est pas mis en liberté, quel que soit le motif de son incarcération (2).

La nullité de l'emprisonnement entraine-t-elle la nullité de la recommandation ? Une distinction doit être établie à cet égard.

Une recommandation faite par un créancier relativement à la même dette qui a motivé l'incarcération et dans le seul but de couvrir la nullité de cette dernière, ne saurait être valable. L'article 797 du Code de procédure décide, en effet, que le débiteur dont l'emprisonnement a été déclaré nul ne peut être arrêté pour la même dette que le surlendemain de sa sortie : or il est un principe qui veut que la recommandation ne soit possible que dans les cas où l'incarcération elle-même est permise (3). Au contraire, une recommandation faite en vertu d'une autre dette, ou par un autre créancier, serait parfaitement régulière.

La recommandation s'applique sans difficulté aux détenus dans une maison d'arrêt.

En ce qui concerne ceux qui se trouvent dans une maison centrale, une circulaire de la Chancellerie du 15 juin 1877, dit que la recommandation a pour

(1) Code de proc. Art. 733.

(2) Code de proc. Art. 791, 792 et 793.

(3) Dall., V° Cont. par corps, n° 993. — Darbois, p. 343. — Paris, 8 mai 56, 2, 180.

effet « de permettre d'y maintenir les condamnés « qui ont achevé de subir leur peine pendant le temps « strictement nécessaire pour préparer leur trans- « fèrement dans la maison d'arrêt la plus voisine ».

Le débiteur incarcéré peut demander la nullité de la contrainte exercée contre lui en s'appuyant sur des moyens tirés du fond comme de la forme (1).

Sa demande est portée devant le tribunal civil de première instance : celui du lieu où il est détenu si la contrainte est arguée de nullité pour vices de forme ; celui du lieu de l'exécution du jugement, c'est-à-dire celui qui l'a rendu, si on invoque des moyens tirés du fond. « Par ces mots moyens du fond, dit M. Darbois (2), il faut entendre les moyens qui, sans porter atteinte à la chose souverainement jugée par la décision dont l'exécution est poursuivie, tendent à établir que le condamné a été emprisonné à tort ». C'est ainsi que le débiteur peut prétendre qu'il est libéré, qu'il n'est pas contraignable, qu'il a droit à un sursis, etc.

Le débiteur dont l'emprisonnement a été déclaré nul, ne peut être soumis à la contrainte par le même créancier et pour la même dette, qu'un jour franc au moins après sa sortie (3). Le créancier peut être condamné à des dommages-intérêts envers le débiteur. Cette condamnation est cependant facultative pour les juges, qui peuvent estimer qu'aucun préju-

(1) Code de proc., art. 794.
(2) Darbois, p. 345.
(3) Code de proc., art. 797.

dice n'a été causé et que le créancier n'est point répréhensible (1).

IV

De l'Élargissement. — Le débiteur dont l'incarcération a été légalement accomplie, peut recouvrer sa liberté s'il se trouve dans un des cas d'élargissement prévus par la loi, et qui sont les suivants :

Extinction de la créance : L'extinction de la créance met fin à l'emprisonnement. La créance s'éteint par le paiement ou la consignation entre les mains du gardien chef des sommes dues au créancier (2).

Au paiement et à la consignation on doit ajouter la remise de la dette, la compensation, la novation, la confusion, les transactions auxquelles certaines administrations peuvent se livrer avec le débiteur avant ou après le jugement (3).

Amnistie : L'amnistie qui anéantit le délit avec ses conséquences pénales, met fin à l'exercice de la contrainte par corps, du moins en ce qui concerne le recouvrement de l'amende. En est-il de même pour les condamnations obtenues par la partie lésée ?

(1) Carré, t. VI, 2e p., quest. 2726 et suiv.

(2) Code de proc., art. 800, 2.

(3) Arrêté du 5 germinal an XII, art. 28 et ordon. du 3 janv. 1821 pour les cont. indirectes ; Loi des 4 juin - 6 juill. 1859, art. 9 pour les Postes ; Code forestier, art. 159 et décret des 14-28 déc. 1859, art. 1 et 2 ; Décret des 7 14 sept. 1870 pour les ponts et chaussées ; Arrêté du 14 fructidor an X et ordon. des 30 janv. et 13 fév. 1822, art. 10, pour les douanes.

On a répondu affirmativement en disant que cette voie d'exécution ne peut être mise en vigueur : l'amnistie ayant éteint l'action publique et anéanti la condamnation, les faits auxquels elle s'applique sont considérés comme s'ils n'avaient jamais présenté un caractère délictueux et se réduisent à de simples actes dommageables pouvant entraîner l'application de l'article 1382 du Code civil. Or, la contrainte n'étant attachée qu'aux condamnations pécuniaires qui ont pris naissance dans une infraction, et cette qualification ne pouvant plus être donnée aux faits qui les ont motivées puisqu'ils ont perdu le caractère délictueux qu'ils avaient, leur recouvrement ne peut plus être poursuivi par cette voie d'exécution (1).

D'un autre côté on fait remarquer que l'amnistie laisse intacts les droits des tiers, au nombre desquels se trouve la contrainte, et on en a conclu que ces derniers conservent la faculté de l'exercer pour le recouvrement des dommages-intérêts et réparations prononcés à leur profit, les lois d'amnistie effaçant seulement au point de vue de l'action publique les délits et les peines auxquelles ils ont donné lieu (2).

Caution : L'article 11 de la loi de 1867, permet

(1) Darbois, p. 359 ; Dalloz, V° Amnistie, p. 402, note 2.

(2) Faustin Hélie, Traité de l'Inst. criminelle V° Action publique et action civile, t. II, p. 732. Cass. 17 déc. 1869. D. P. 70, 1, 372 ; Cass. 22 déc. 70, D. P. 71, 1, 192 ; Cass. 2 mai 1878. D. P. 79, 1, 48 ; Cass. 9 janv. 1880. D. P. 80, 1, 285 ; Cass. 17 mars 1882, D. P. 83, 1, 141 ; Paris 30 mars 82. D. P. 83, 2, 39 ; Poitiers, 7 août 89, D. P. 91, 2, 27.

au débiteur de prévenir ou de faire cesser l'incarcération en fournissant une caution bonne et solvable.

L'acceptation de la caution est faite par le percepteur pour l'Etat (1) et par le créancier pour les particuliers. En cas de contestation, c'est le tribunal civil de l'arrondissement qui est appelé à se prononcer. Cette acceptation a pour effet de dispenser le débiteur de subir la contrainte, lors même que la caution ne tiendrait pas ses engagements, à moins que le créancier n'ait fait à cet égard des réserves expresses acceptées par le débiteur (2).

L'article 11 porte que la caution « doit s'exécuter dans le mois à peine de poursuites ». Il résulte de ces expressions qu'elle est engagée solidairement et ne pourrait opposer le bénéfice de discussion (3).

Alliance : Lorsqu'une alliance au degré indiqué par l'article 15 se produit entre le créancier et le débiteur, elle met fin à l'incarcération.

Consentement du créancier : Le débiteur obtient son élargissement quand le créancier, qui l'a fait emprisonner, consent à sa mise en liberté. L'article 801 du Code de procédure, dit que le consentement peut être donné, « soit par devant notaire, soit sur le registre d'écrou », mais ces formalités ne s'accordent guère plus avec le mode actuel d'exécution de la contrainte. Le débiteur étant incarcéré

(1) Loi du 29 déc. 1873, art. 25.
(2) Darbois, p. 361.
(3) Darbois, p. 361 ; Guyot et Puton, p. 180.

non plus à la requête du créancier, mais à celle du procureur de la République, le gardien peut se refuser de lever l'écrou sans un ordre écrit de ce dernier. Il convient, par conséquent, de s'adresser au parquet, et en pratique c'est ainsi que l'on procède.

Le consentement pur et simple du créancier équivaut à la remise de la contrainte, et le débiteur ne peut plus être incarcéré pour la même dette (1). Si le créancier a donné un consentement conditionnel et a convenu avec le débiteur qu'il pourrait le faire incarcérer de nouveau s'il ne tenait point ses engagements, on considère cette réserve comme parfaitement valable et la contrainte peut être reprise (2). Lorsque les réserves n'ont pas été acceptées par le débiteur, on décide, au contraire, que la contrainte ne peut être exercée à nouveau, car le débiteur pourrait ainsi au gré du créancier être élargi et incarcéré (3).

Faillite : La déclaration de faillite constitue, ainsi que nous l'avons vu, un obstacle à l'exercice de la contrainte.

Défaut de consignation alimentaire. : Le défaut de consignation d'aliments par le créancier permet au débiteur d'obtenir son élargissement. La libéra-

(1) Cass. 3 fév. 97 ; D. P. 98. 2. 19.

(2) Pont, t. II, nº 905 ; Darbois, p. 363 ; Paris, 27 mars 1838, Dall., Vº *Cont. par corps*, nº 1061 ; Paris, 19 juin 1888 ; D. P. 90. 2. 32.

(3) Pont, t. II, nº 905 ; Paris, 30 janv. 54 ; D. P. 55. 2. 179.

tion ne se produit pas de plein droit, elle doit être demandée. La requête est adressée au président du tribunal civil, elle est signée par le débiteur et accompagnée d'un certificat délivré par le gardien. La déclaration du gardien fait foi du fait allégué dans la requête, et le président ne peut se refuser de prononcer la mise en liberté (1).

Si toutefois la consignation des aliments est faite « avant que le débiteur ait formé sa demande en élargissement, cette demande ne sera plus recevable (2). » La demande est réputée formée au moment où elle parvient au président auquel il appartient de constater l'heure du dépôt dans son ordonnance (3). La consignation peut avoir été valablement effectuée entre le moment de la rédaction de la demande et celui de sa remise au président (4).

« Le débiteur élargi faute de consignation d'aliments, dit l'article 8, ne peut plus être incarcéré pour la même dette. » Nous avons vu que le défaut de consignation pour une première période de trente jours entraine la nullité de l'emprisonnement, mais que le créancier peut cependant faire incarcérer à nouveau le débiteur après l'expiration d'un jour franc. L'article 8 ne s'applique donc point ici et suppose une incarcération régulièrement pratiquée et un défaut

(1) Loi de 1867, art. 7.

(2) Code de proc., art. 803-2.

(3) Caen, 26 août 1846, D. P., 51, 5, 122. — Dall., v° *Cont. par corps*, n°s 1081 et 1082.

(4) Dalloz, v° *Cont. par corps*, n° 1082.

de consignation pour les périodes qui suivent la première (1). Le créancier privé du droit de faire incarcérer le débiteur ne peut non plus le recommander, la recommandation équivalant à une nouvelle incarcération (2).

La demande de mise en liberté ne serait pas accueillie si le créancier avait négligé de consigner à la suite de manœuvres employées par le débiteur. De même l'élargissement obtenu dans de pareilles conditions ne devrait point être considéré comme définitif et le débiteur pourrait être repris (3).

Aux causes d'élargissement que nous venons de signaler s'ajoute l'expiration de la durée normale de la contrainte, de même celles qui résultent de l'âge ou de l'insolvabilité du débiteur.

Avant la loi de 1867, en matière civile, le débiteur malheureux et de bonne foi, avait la faculté d'échapper à la contrainte en faisant l'abandon de tous ses biens au créancier (art. 1268 et 1270 du Code civil). Ce bénéfice peut-il encore être invoqué avec la législation actuelle? Nous ne le pensons pas.

La contrainte étant aujourd'hui, uniquement attachée aux condamnations pécuniaires prononcées par des tribunaux répressifs, le débiteur malheureux et de bonne foi se rencontre rarement parmi ceux qui se trouvent soumis à cette voie d'exécution Il est des

(1) Darbois, p. 370. — Garsonnet, t. IV, p. 850.

(2) Dalloz, v° *Cont. par corps*, n° 1088. — Darbois, p. 371. — Guyot et Puton, p. 131.

(3) Dalloz, v° *Cont. par corps*, n° 1091. — Darbois, p. 371 — Cass., 14 juin 1858, D. P., 58, 1, 435

cas, cependant, où des dommages ont pu être prononcés à raison de faits qui n'impliquent aucune intention nuisible, tels que l'homicide, l'incendie par imprudence et la plupart des contraventions de police. MM. Colmet de Santerre et Demolombe estiment que le bénéfice de l'article 1268 du Code civil doit être maintenu à ces débiteurs et que l'abandon de leurs biens les fera échapper à la contrainte (1).

Cette opinion ne nous paraît pas pouvoir être admise aujourd'hui. La cession de biens, avant 1867, avait pour effet d'établir l'insolvabilité du débiteur malheureux et de bonne foi ; toute mesure d'exécution sur sa personne devenait par conséquent inutile. Mais il importe de remarquer que pour le législateur de 1867, l'insolvabilité ne constitue pas un obstacle à l'exercice de la contrainte et n'est qu'une cause de réduction de sa durée. Dans l'énumération qu'il a faite des cas dans lesquels le débiteur peut échapper à la contrainte, ne figure point la cession de biens, d'où il est permis de conclure qu'il n'a pas voulu la conserver.

Les formes à suivre pour obtenir l'élargissement sont réglées par l'article 805 du Code de procédure. La demande est portée devant le tribunal dans le ressort duquel le débiteur est détenu. Elle est formée à bref délai avec la permission du juge, l'affaire est communiquée au ministère public, et jugée à la première audience, avant toute autre cause, sans subir le rôle.

(1) Colmet de Santerre, t. V, n° 213 *bis* ; Demolombe, t. XXVIII, n° 217.

CHAPITRE VII

Législation étrangère sur la contrainte par corps.

L'essor vers les idées libérales et généreuses, dont la loi de 1867 a été la première à donner l'exemple, a trouvé sa répercussion dans les pays étrangers. A l'époque de sa promulgation, l'emprisonnement pour dettes constituait le droit commun dans le plus grand nombre d'entre eux. Aujourd'hui, son principe a été discuté dans presque toutes les législations; plusieurs l'ont supprimé, et là où il subsiste encore, il a subi d'importantes modifications et se trouve restreint à un petit nombre de cas.

ALLEMAGNE : La prison pour dettes a été abolie en Allemagne par la loi fédérale du 29 mai 1868. Le Code de procédure du 30 janvier 1877 prévoit cependant certains cas de contrainte. C'est ainsi qu'elle peut être exercée en matière civile : 1° contre le témoin qui refuse pour la seconde fois de déposer; 2° contre le débiteur soumis à une obligation qui a pour objet une chose que seul il peut faire et qu'un tiers ne pourrait exécuter; 3° contre le débiteur qui ne comparait pas au jour fixé pour la prestation du serment révélatoire, ou qui refuse de s'y soumettre. La contrainte encourue dans ces diverses hypothèses ne peut dépasser six mois (1).

(1) Code de proc. civ., art. 355, 774, 782, 788, 790 et 794.

Le Code pénal du 31 mai 1870 s'exprime ainsi :

Article 28 : « En cas d'insolvabilité du condamné, l'amende sera convertie en emprisonnement, et, si elle a été prononcée pour une contravention, en arrêts. Si le délit est puni d'une amende seulement, ou d'une amende comme peine principale, ou d'une amende et des arrêts au choix du juge, l'amende pourra être convertie en arrêts si elle ne dépasse pas deux cents thalers et si les arrêts qui doivent y être substitués n'excèdent pas six semaines. — Lorsque l'amende aura été prononcée conjointement avec la peine de la réclusion, l'emprisonnement qui la remplace devra, conformément à l'article 21, être converti en réclusion. — Le condamné pourra obtenir sa mise en liberté en payant l'amende jusqu'à concurrence de la somme qui n'aura pas encore été acquittée par la peine déjà subie. »

Article 29 : « Pour la conversion de l'amende en peine d'emprisonnement ou d'arrêt, l'amende d'un à cinq thalers prononcée pour crime et délit, et l'amende d'un tiers de thaler à cinq thalers prononcée pour contravention, équivalent à un jour d'emprisonnement ou d'arrêts. — Le minimum de la peine à substituer à l'amende est d'un jour ; le maximum est de six semaines pour les arrêts et d'une année pour l'emprisonnement. Lorsque la loi prononce pour le même fait au choix du juge, une amende ou une peine privative de la liberté et que le maximum de cette dernière est inférieur au maximum ci-dessus fixé, ce maximum ne peut être dépassé. »

Article 78 : « Les amendes encourues pour plusieurs infractions, soit comme peine unique, soit conjointement avec une peine corporelle, seront additionnées. — En cas de conversion de plusieurs amendes, le maximum de la peine substituée sera un emprisonnement de deux ans, et lorsque les amendes n'auront été prononcées que pour contravention, les arrêts pendant trois mois. »

ANGLETERRE. — La législation anglaise sur la contrainte par corps a été modifiée d'une façon très sensible par deux *acts* de 1869.

Le premier décide qu'un débiteur d'une somme inférieure à cinquante livres sterling (1250 francs) ne peut être incarcéré que s'il y a eu de sa part fraude ou mauvaise foi. La durée de l'emprisonnement est de six semaines au plus : il n'a point pour effet d'éteindre la dette.

Le second *act* qui concerne les débiteurs de plus de cinquante livres sterling, autorise la Cour des faillites à prononcer la libération complète du débiteur si le créancier en fait la demande, ou s'il paye la moitié de la dette. Les débiteurs de mauvaise foi peuvent être incarcérés pendant deux ans (1).

En matière pénale, la durée de la contrainte varie suivant l'importance de la condamnation prononcée. Elle est de sept jours pour dix schillings, de quatorze jours pour une livre sterling, de un mois pour deux livres et de deux mois pour cinq livres.

(1) *Pandectes franç.*, V° Cont. par corps, n° 466 et suiv. — *Bull. soc. lég. comp.*, t. III, p. 207. — Art. de M. Hubert-Valleroux.

Les condamnations aux frais qui sont assez rares, paraît-il en Angleterre, ne peuvent être recouvrées que par les moyens admis en matière civile pour le recouvrement des dépens.

La contrainte ne s'étend pas aux dommages-intérêts (1).

Belgique. — La loi du 27 juillet 1871 a supprimé en principe la contrainte par corps en Belgique. Elle a été maintenue cependant « en matière criminelle, correctionnelle et de police pour l'exécution des condamnations aux restitutions, aux dommages-intérêts et aux frais. »

« Elle peut être prononcée, ajoute l'article 3, en toute autre matière pour les restitutions, dommages-intérêts et frais, lorsqu'ils sont le résultat d'un fait prévu par la loi pénale ou d'un acte illicite commis méchamment ou de mauvaise foi ».

Elle ne peut être exercée que si la dette dépasse trois cents francs; sa durée est déterminée par le jugement de condamnation et ne peut excéder un an. En aucun cas, elle ne peut atteindre les personnes civilement responsables, les débiteurs âgés de soixante-dix ans, les femmes, les mineurs, et les héritiers du contraignable (2).

L'amende impayée peut être remplacée par l'emprisonnement subsidiaire (3).

(1) Darbois, p. 42.

(2) Loi du 27 juillet 1871, art. 1 à 7. *Ann. de législ. étrang.* 72, p. 360.

(3) *Code pénal*, art. 40.

Danemark. — La loi du 25 mars 1872 a supprimé complètement la contrainte par corps en matière civile et commerciale en Danemark. Elle existe cependant encore : 1° contre celui qui a été condamné civilement à accomplir une prestation comportant des dommages-intérêts par chaque jour ou semaine de retard. En ce cas, le créancier a la faculté de le faire incarcérer pendant un laps de temps qui ne peut dépasser trois ans ; 2° contre ceux qui doivent servir des pensions alimentaires envers des enfants naturels ou des épouses séparées ou abandonnées. L'emprisonnement est au maximum de deux ans ; 3° contre le débiteur qui est sur le point de quitter le territoire danois et contre les étrangers (1).

En matière pénale, les frais, restitutions et dommages-intérêts ne sont pas recouvrables par la voie de la contrainte. L'amende impayée est remplacée par un emprisonnement subsidiaire qui varie de deux jours à deux ans suivant son importance (2).

Grèce : L'emprisonnement pour dettes s'applique, en Grèce, aux matières civiles et commerciales. Les dispositions du Code pénal, relatives à la contrainte, ne sont que la reproduction des articles 52, 53 et 167 de notre même Code (3).

Hongrie : D'après le Code pénal hongrois (4), lorsqu'un jugement prononce une amende, il détermine

(1) Darbois, p. 47.
(2) Code pénal du 10 février 1866, art. 18, 20, 21, 25 et 30.
(3) Darbois, p. 48.
(4) Code pénal hongrois, art. 53.

en même temps la durée de la peine privative de liberté qui doit la remplacer en cas de non paiement. On compte un jour par 10 florins ou fractions de 10 florins. La durée de l'emprisonnement ne peut excéder six mois si l'amende a été prononcée comme peine principale, et trois mois si c'est comme peine accessoire.

Les amendes prononcées pour contraventions sont converties en arrêts si elles sont irrecouvrables. Chaque somme de 10 florins équivaut à un jour d'arrêt.

Italie : La contrainte par corps a été abolie en Italie aussi bien contre les étrangers que contre les nationaux en matière civile et commerciale (1). Elle a été maintenue en matière pénale contre les auteurs et les complices de crimes et de délits pour l'exécution des condamnations aux dommages-intérêts et aux restitutions. Le juge qui statue sur les contraventions a la faculté de la prononcer. Les tribunaux civils peuvent encore l'accorder pour les dommages et restitutions qui ont leur source dans une infraction pénale. La durée de la contrainte ne peut excéder une année pour les obligations résultant d'un crime, six mois pour celles résultant d'un délit, elle varie de trois jours à trois mois pour celles résultant d'une contravention (2).

Lorsque le paiement de l'amende n'a pas été effectué dans les deux mois à dater du jour de la sommation,

(1) Loi du 6 déc. 1877, art. 1er, *Ann. lég. étrang.*, 77, p. 418 et suiv.

(2) Loi du 6 déc. 1877, art. 2 et 3, *Ann. lég. étrang.*, 77, p. 422.

elle est convertie en détention dont la durée est fixée à raison d'un jour par chaque dix francs ou fractions de dix francs. Le condamné est toujours libre de faire cesser l'emprisonnement en se libérant, et déduction faite de la part correspondant à la détention subie.

L'emprisonnement ne peut dépasser une année. Sur la demande du condamné, on peut remplacer cette détention par la prestation d'un travail déterminé accompli pour le compte de l'Etat, de la province ou de la commune ; deux jours de travail équivalent à un jour de détention (1).

Luxembourg : La loi du 16 février 1877 (2), a supprimé la contrainte par corps en la maintenant seulement en matière répressive pour le paiement de l'amende. Elle a pour effet de libérer le condamné, et sa durée varie de deux jours à un an suivant l'importance de la somme à recouvrer.

Pays-Bas : La contrainte existe encore en matière civile et commerciale dans les Pays-Bas. Ses conditions d'exercice sont réglées par les articles 585 et suivants du Code de procédure.

Lorsqu'en matière pénale une condamnation à l'amende a été prononcée, elle est remplacée par la détention si elle n'est point acquittée dans le délai de deux mois à compter du jour où le jugement peut être exécuté. La durée de cette détention, qui est fixée dans le jugement, ne peut être moindre d'un jour, ni supérieure à huit mois. Le condamné peut subir la détention

(1) Code pénal Italien, art. 19.
(2) Ann. lég. étrang. 77, p. 566.

sans attendre le terme du paiement; il conserve toujours la faculté de s'en affranchir en se libérant, le paiement d'une partie de l'amende diminue proportionnellement la durée de sa détention (1).

Portugal : La contrainte par corps a lieu en matière civile : 1° pour dépôt de biens saisis à l'encontre du dépositaire infidèle ; 2° contre le fol enchérisseur si le prix n'est pas versé dans les trois jours de l'enchère ; 3° en matière de deniers publics. La contrainte est d'une durée maximum de deux ans dans la première et troisième hypothèse, et d'un an dans la seconde (2).

Les amendes, dommages-intérêts et frais en matière criminelle et correctionnelle, sont également recouvrables par corps. On compte un jour de détention par 1000 reis (5 fr. 56 c.) (3). La caution du débiteur est également contraignable pendant un an au maximum. D'après une loi du 1er juillet 1867, un quart du pécule du condamné est attribué à la partie lésée.

Russie : La contrainte par corps existe en Russie en matière civile et commerciale. Elle est réglementée par un ukase impérial du 7 mars 1879 (4).

Dans le projet de Code pénal (5), il est dit qu'en

(1) Code pénal des Pays-Bas, art. 23 et 24.

(2) Code de proc. civ. du 3 nov. 1876, art. 373. 374, 721, p. 8, 825, p. 1 et 2 et 859 ; Voir *Ann. de lég. étrang.* 6e année p. 434 et suiv.

(3) Décret du 21 mai 1841 art. 615 et 672 ; Code pénal, art. 101, § 3.

(4) *Ann. de lég. étrang.* 1880, p. 702 et suiv.

(5) *Bull. soc. gén. des prisons* 1896, p. 398 art. M. E. Garçon.

cas de non paiement de l'amende, celle-ci se transforme en arrêts dont la durée est fixée par le tribunal dans les limites tracées par la loi.

SUÈDE : La contrainte par corps a été supprimée en Suède par le Code de procédure exécutive promulgué le 10 août 1877 (1). En matière pénale, la législation suédoise a admis le système de l'emprisonnement subsidiaire venant se substituer à l'amende si elle n'est point acquittée par le condamné. La durée de la détention est de trois à vingt jours (2).

NORWÈGE : La loi du 3 juin 1874 (3) a aboli la contrainte par corps. Celle-ci a été maintenue seulement en matière commerciale dans les cas prévus par la loi du 6 juin 1863, et contre les débiteurs qui sont sur le point de quitter le pays sans esprit de retour. Comme en Suède, l'emprisonnement subsidiaire se substitue de plein droit à l'amende impayée.

Dans ces deux pays, cependant, avant de recourir à l'emprisonnement subsidiaire, on accorde au délinquant le droit de payer l'amende au moyen de journées de travail.

SUISSE : La constitution fédérale du 29 mai 1874 a supprimé la contrainte par corps d'une manière générale en Suisse (4).

D'après le projet de Code fédéral (5) élaboré par

(1) *Ann. lég. étrang.* 1877, p. 667.
(2) Code pénal suédois de 1864, art. 10 et 11.
(3) Loi du 3 juin 1874, art. 1er. V. *Ann. lég. étrang.*, 74, p. 567.
(4) *Ann. lég. étrang.*, 4e année, p. 465.
(5) *Revue pénit.*, 1894, p. 181, article de M. E. Garçon.

M. Stoss, professeur à l'Université de Berne, le condamné à l'amende pourra se libérer par acomptes ou par la prestation d'un travail déterminé. Aucune mesure d'exécution ne sera exercée contre les insolvables incapables de travailler. Quant aux individus solvables qui ne veulent pas payer, et à ceux qui refusent de se livrer à tout labeur, ils seront enfermés dans une maison de détention et y demeureront jusqu'au jour où le produit de leur travail sera suffisant pour solder intégralement le montant de l'amende. D'après ce même projet, le juge a la faculté de disposer en faveur de la victime de l'infraction d'une quote part du pécule du détenu, mais jusqu'à concurrence de la moitié seulement.

ÉTATS-UNIS. — Chacun des Etats qui font partie de la république des Etats-Unis a sa législation particulière en ce qui concerne la contrainte par corps.

Elle est autorisée dans l'Etat de New-York (1) par le Code de procédure civile de 1877.

En Californie et dans le Massachussets, elle n'est point permise en matière commerciale, sauf le cas de fraude. Dans ce dernier Etat, un *act* du 11 juin 1874 rend possible l'exercice de la contrainte contre le débiteur qui s'apprête à quitter le territoire, mais son élargissement est de droit s'il fournit caution (2).

(1) Code de proc. civile de 1877, art. 1240. Voir *Ann. lég. étrang.*, 1877, p. 809.

(2) *Ann. lég. étrang.*, 1874, p. 689.

Il en est de même dans la Louisiane (1).

La constitution de Georgie (2) interdit l'emprisonnement pour dettes.

(1) Loi de 1880, art 14, *Ann. lég. étrang.*, 1880, p. 680.
(2) C^{on} du 5 déc. 1877, *Ann. lég. étrang.*, 1877, p. 767.

Deuxième Partie

CHAPITRE PREMIER

Des dispositions qui nuisent à l'efficacité de la contrainte par corps.

De toutes les garanties dont disposent l'Etat et la partie civile pour assurer le recouvrement des amendes ou des réparations, la contrainte par corps peut être considérée comme la plus sérieuse, et, telle qu'elle a été organisée par la loi de 1867, elle constitue en apparence l'arme la plus sûre qui puisse être mise entre les mains du créancier pour obtenir le paiement de ce qui lui est dû.

Attachée de plein droit aux condamnations encourues sans qu'il soit nécessaire que le jugement la prononce, elle s'étend même à celles qui émanent de la juridiction civile lorsque la déclaration de culpabilité a été reconnue au préalable par un tribunal de répression. Sa durée, qui est susceptible d'être portée à deux ans, est plus longue que dans la plupart des législations étrangères. Les restrictions apportées à son exercice sont strictement limitées. Toute personne, en principe, s'y trouve soumise ; la loi n'interdit son emploi qu'à l'égard des mineurs de seize ans, du conjoint et des parents au troisième degré, et fait bénéficier les insolvables et les sexagénaires seulement d'une réduction de la moitié de sa durée. Elle atteint enfin les complices de l'infraction aussi bien que les auteurs.

Comment se fait-il cependant, que la contrainte par corps ne soit en réalité qu'un moyen d'action tout à fait insuffisant pour triompher de l'insolvabilité et de la mauvaise volonté du débiteur? C'est qu'à côté des dispositions que nous venons d'énoncer, le législateur en a édicté d'autres qui détruisent en partie l'effet des premières, nuisent à l'efficacité de la contrainte, paralysent son application, et rendent son usage à peu près impossible aux particuliers victimes d'une infraction.

Elle est tout d'abord réduite à la moitié de la durée fixée par le jugement à l'égard des condamnés qui justifient de leur insolvabilité. Cette mesure de faveur, accordée à ceux qui sont dans l'impossibilité de se libérer, se conçoit aisément, mais du moins faudrait-il, que la preuve de l'insolvabilité fût établie par des justifications suffisantes. Un extrait du rôle des contributions constatant que l'on est imposé pour moins de six francs et un certificat d'indigence délivré par le maire de la commune suffisent. Or, l'extrait du rôle des contributions n'est pas un titre suffisant pour établir l'insolvabilité, le condamné pouvant posséder des valeurs mobilières auxquelles il ne s'applique point. Quant aux certificats d'indigence, la facilité avec laquelle ils sont obtenus, ne permet pas d'attribuer un caractère de sincérité très grand à ce mode de preuve.

Ce n'est point là le seul côté défectueux. Nous savons que la contrainte ne peut être exercée qu'une fois pour la même dette, et que le créancier n'a pas le droit de requérir un nouvel emprisonnement. Cette disposition le met dans une situation assez embarrassante. Il faudra qu'il attende le moment favorable pour exercer la contrainte contre son débiteur, et une fois le temps d'épreuve écoulé, si cette voie d'exécution reste sans effet contre lui, il ne pourra plus y recourir même s'il revient à meilleure fortune.

Le principe du non-cumul des contraintes que le législateur de 1867 a posé dans l'article 12, présente encore de graves inconvénients. La confusion des contraintes se justifiait lorsque cette voie d'exécution était appliquée en matière civile et commerciale. Elle avait pour résultat d'empêcher le débiteur de subir une détention excessive pour une dette minime. Il n'en est plus de même aujourd'hui, et ce bénéfice se concilie mal avec la courte durée de la contrainte des matières criminelles. Il favorise les délinquants d'habitude, et rend illusoires les droits des créanciers à la contrainte, l'intervention de l'un d'eux empêchant les autres de l'exercer.

Mais c'est surtout lorsque l'on examine les conditions dans lesquelles le législateur a permis à la partie lésée d'user de la contrainte, que l'on se rend compte qu'elle n'est qu'une arme dérisoire entre ses mains, et que l'on s'explique comment elle hésite avant d'y recourir.

Nous avons vu que lorsqu'elle est exercée à la requête et dans l'intérêt de la partie civile, la loi oblige cette dernière à pourvoir aux aliments de son débiteur. C'est là une obligation bien lourde pour le créancier, devant laquelle il reculera le plus souvent, et d'autant mieux que cette voie d'exécution, qui lui est accordée afin de recouvrer le dommage qui lui a été causé, sera presque toujours pour lui un nouveau préjudice venant s'ajouter à celui qui résulte de l'infraction. Pour obtenir la réparation de ce qui lui est dû, il aura été obligé de suivre une procédure onéreuse, d'exposer des déboursés nombreux dans lesquels il n'aura aucune chance de rentrer ; il préfèrera laisser le coupable jouir impunément de la liberté plutôt que de faire de nouvelles dépenses, souvent d'ailleurs au-dessus de ses forces, qui auront pour résultat de permettre à son agresseur de vivre dans l'oisiveté, car les détenus pour dettes ne sont point assujettis au travail. Leur plait-il de travailler, ils ont pour eux les 7/10 des gains qu'ils réalisent, en sorte qu'après avoir été logés, chauffés et entretenus aux frais de leur créancier, ils sortent de prison avec un petit pécule sur lequel personne n'a aucun droit. La contrainte exercée contre eux a par conséquent pour effet de leur procurer des bénéfices, grâce aux frais que l'on a bien voulu exposer pour eux. Il est aisé de s'expliquer, après cela, comment la partie civile refuse de se servir d'une arme qui en réalité se retourne contre elle et laisse à l'Etat et aux diverses administrations qui le représentent, mieux favorisées qu'elle, le soin d'y recourir.

CHAPITRE II

Des améliorations qu'il conviendrait d'apporter à la législation actuelle.

SECTION PREMIÈRE

DISPOSITIONS GÉNÉRALES

Remédier à l'insuffisance des voies d'exécution sur la personne, donner au créancier un moyen d'action sûr et énergique pour arriver au paiement de ce qui lui est dû, mieux protéger la victime de l'infraction contre le délinquant, telles sont les améliorations qui nous paraissent devoir être apportées à notre législation actuelle sur la contrainte par corps dont nous avons signalé les vices et les inconvénients.

Après avoir constaté le mal, indiqué les perfectionnements dont une institution est susceptible, faut-il encore rechercher les remèdes, analyser leur effet, apprécier leur résultat. C'est vers ce but qu'ont porté nos efforts.

Nous nous demanderons, d'une part, s'il n'y aurait pas lieu de remplacer la contrainte par corps par un emprisonnement subsidiaire en ce qui concerne le recouvrement de l'amende; d'un autre côté, nous examinerons si les règles qui gouvernent son application ne doivent pas être modifiées dans un sens plus favorable aux intérêts lésés, de façon à leur assurer une protection plus efficace et des sécurités nouvelles.

SECTION II

DE LA TRANSFORMATION DE LA CONTRAINTE PAR CORPS EN EMPRISONNEMENT SUBSIDIAIRE POUR LE RECOUVREMENT DES AMENDES

Dans le rapide exposé que nous avons fait des législations étrangères, nous avons vu qu'un grand nombre d'entre elles n'appliquent point la contrainte au recouvrement de l'amende, mais établissent un emprisonnement subsidiaire, variant suivant la nature de l'infraction réprimée, et se substituant de plein droit à l'amende lorsqu'elle n'est point acquittée dans les délais légaux. Ce système a trouvé place dans nos codes militaires. L'article 195 du code pour l'armée de terre dit en effet : « Lorsque les lois pénales prononcent les peines de l'amende, les tribunaux militaires peuvent remplacer cette peine par un emprisonnement de six jours à six mois ». L'article 251 du code pour l'armée de mer reproduit la même disposition (1).

La différence qui caractérise l'emprisonnement subsidiaire de la contrainte, c'est qu'il n'est point comme cette dernière un mode particulier d'exécution ; il est à l'amende ce qu'est la clause pénale par rapport à l'obligation principale.

Il offre sur la contrainte l'avantage d'être facile

(1) Code de l'armée de terre du 9 juin 1857, Code de l'armée de mer du 4 juin 1858.

dans ses applications, d'assurer la répression, de se concevoir et de se justifier lorsqu'il est appliqué vis à vis des insolvables. L'exercice de la contrainte à l'encontre de ces derniers se concilie mal, en effet, avec le principe d'après lequel elle est, avant tout, un mode d'exécution des jugements, car, dès l'instant où l'insolvabilité est établie, la détention devient sans but si elle a simplement pour effet d'assurer le paiement.

Pourquoi la pratique de l'emprisonnement subsidiairement admise par nos codes militaires, ne serait-elle pas étendue à notre législation pénale, sauf à l'accompagner de certains tempéraments qui viendraient en adoucir la rigueur, et ne rendraient son exercice possible qu'après avoir offert au condamné tous les moyens de se libérer ?

C'est ainsi que pour lui éviter le déshonneur de la prison avec sa dépravation, il faudrait, tout d'abord, qu'il fût autorisé à s'acquitter de sa dette par acomptes. Il sera plus facile à un ouvrier ou à un travailleur des champs, de donner dix ou quinze francs tous les mois, ou tous les trimestres, que de payer immédiatement une somme de 50 ou 100 francs. Dans l'état actuel, il est, d'ailleurs, de pratique constante dans beaucoup de parquets de n'ordonner la contrainte, qu'après avoir offert au condamné de se libérer au moyen de paiements fractionnés.

En cas d'impossibilité d'obtenir le paiement, on l'admettrait, en second lieu, à s'acquitter de l'amende par la prestation d'un travail déterminé, accompli pour le compte de l'Etat, du département ou de la commune. Cette idée de la conversion de l'amende en journées de travail a, depuis assez longtemps déjà, reçu un commencement d'application en France. La loi du 18 juin 1859, modifiant le Code forestier, est venue, en effet, en fixer le principe dans l'article 210, ainsi conçu : « L'administration forestière pourra admettre les délinquants insolvables à se libérer des amendes, restitutions, réparations civiles et frais au moyen de prestations en nature, consistant en travaux d'entretien et d'amélioration dans les forêts ou sur les chemins vicinaux. » En 1864, M. Bonneville de Marsangy proposait d'étendre cette disposition à toutes les catégories d'amendes dans un ouvrage ayant pour titre : *De l'amélioration de la loi criminelle* (1).

Assez récemment, M. Michaux déposait sur le bureau du Sénat une proposition de loi relative au sursis et à l'atténuation des peines en cas de premier délit, dans laquelle il était dit que les juges pourraient « convertir l'amende en journées de travail si le condamné le demande, ou s'il est insolvable, sans que le nombre des journées puisse toutefois dépasser le nombre de celles de contrainte par corps qu'aurait subi le condamné en cas de non paiement de l'amende (2). »

L'acquittement des peines pécuniaires au moyen de

(1) Bonneville de Marsangy, *De l'amélioration de la loi criminelle*, 1864, t. II, p. 301.

(2) *Revue pénit.*, 1886, p. 255 et J. off. 1885. Annexes du Sénat, n° 137, p. 104 et n° 45 p. 42.

prestations en nature se trouve dans beaucoup de législations européennes. Déjà au dix-huitième siècle le droit de payer l'amende au moyen de journées de travail fut accordé au délinquant, en Norwège par l'ordonnance du 6 décembre 1743 et en Suède par l'ordonnance du 24 janvier 1777. Cette règle a été adoptée dans les principaux Etats de la Confédération allemande, elle varie quant à son étendue avec la législation particulière de chacun d'eux, les uns permettant son application vis à vis d'un certain nombre d'amendes, les autres les restreignant aux matières forestières.

Cette réforme a également été introduite en Suisse par la loi fédérale du 30 juin 1849, relative à la procédure criminelle. D'aprés une loi du canton de Vaud, du 17 mars 1875, tout condamné à l'amende, qui se trouve dans l'impossibilité de la payer, ou qui s'y refuse, peut se faire inscrire pour être employé à des travaux publics d'entretien et de construction de routes, d'endiguement ou de sylviculture Chaque journée de travail est évaluée de trois à six francs. Les mêmes dispositions se retrouvent dans le Code pénal du canton de Neufchatel (1). Enfin, l'avant projet du Code fédéral (2) décide que le condamné pourra être astreint à racheter l'amende qu'il aura encourue par son travail dans un établissement de détention, si le juge croit que la poursuite est inutile, ou si elle n'a amené aucun résultat.

(1) *Revue pénit.*, 1890 p. 37.

(2) *Revue pénit.*, 1894 p. 181 ; Art. de M. E. Garçon.

En Italie, aux termes de l'article 19 du Code pénal, le condamné peut sur sa demande racheter l'amende par la prestation d'un travail déterminé, accompli pour le compte de l'Etat ou de la province, deux journées de travail équivalant à un jour de détention.

Cette idée de la libération par le travail a pris aujourd'hui d'autant plus d'extension, que les criminalistes sont à peu près unanimes pour donner un développement plus grand aux peines pécuniaires. Mais pour rendre possible leur application plus fréquente, faut-il encore que leur recouvrement soit assuré d'une manière efficace, et le système des prestations en nature n'apparait-il pas comme un des moyens les plus pratiques poar atteindre ce but ?

Reste maintenant une seconde question, celle de l'organisation de ce travail. Elle n'irait certainement pas sans difficultés, mais les avantages qu'on en retirerait. en compenseraient largement, croyons-nous, les inconvénients. Il appartiendrait à l'Etat de prendre l'initiative de l'établissement de chantiers, de la création d'ateliers, dans lesquels chaque journée de travail serait appréciée par une somme en argent suivant la bonne volonté apportée par le condamné à l'accomplissement de sa tâche. Il serait facile d'employer les délinquants à des travaux d'intérêt public qui ne feraient aucune concurrence à la petite industrie. Une telle main-d'œuvre ne pourrait-elle pas être utilisée, par exemple, au profit des départements de la guerre et de la marine ?

Malgré cette facilité de s'acquitter par acomptes

ou de se libérer par le travail, on n'obtiendrait pas toujours le paiement de l'amende. Elle resterait irrécouvrable à l'égard des insolvables dénués de toute ressource que leur âge ou leurs infirmités mettent dans l'impossibilité de travailler. Ces diverses circonstances ne devraient point les placer dans une situation plus dure que les autres condamnés qui auraient la faculté d'échapper à la peine privative de liberté. Nous pensons qu'il ne faudrait pas employer contre eux des moyens coercitifs et que le mieux serait de les hospitaliser. A côté des insolvables âgés ou infirmes, il y aurait ceux qui dissimulent leur fortune, font preuve de mauvaise volonté ou refusent de travailler. Vis-à-vis de ces derniers, resterait la suprême ressource de l'emprisonnement pour faire exécuter la condamnation. Cette mesure de rigueur appliquée à des délinquants qui n'auraient rien fait pour y échapper, serait ici pleinement justifiée. Quelques jours de détention passés dans une douce oisiveté ne suffiraient pas à les libérer. Il y aurait lieu de les soumettre à un régime rigoureux, de leur imposer un travail lucratif, et leur séjour dans la prison devrait se prolonger jusqu'au paiement complet de l'amende qu'ils auraient encourue.

SECTION III

DE LA CONTRAINTE PAR CORPS APPLIQUÉE AU RECOUVREMENT DES DOMMAGES-INTÉRÊTS ET FRAIS

Donné comme sanction en paiement de l'amende. l'emprisonnement subsidiaire ne ferait pas obstacle à l'exercice de la contrainte pour le recouvrement des dommages-intérêts, restitution et frais. Nous avons indiqué les causes qui nuisaient à l'efficacité de cette institution, la rendaient insuffisante, mettaient la partie civile dans l'impossibilité d'y recourir. C'est pourquoi nous avons pensé que des réformes devaient être apportées dans son domaine, destinées à rendre plus facile son emploi, à en faire un moyen d'action sérieux et énergique pour triompher de la la mauvaise foi et de l'insolvabilité du délinquant.

Dans les critiques que nous avons adressées à notre législation actuelle, nous nous sommes élevé surtout contre l'inégalité de traitement faite au créancier et au débiteur. Mettant en regard la situation respective de chacun d'eux, nous avons montré : d'un côté, le délinquant libre de subir la contrainte dans l'oisiveté la plus complète, conservant pour lui les 7/10 des gains qu'il réalise s'il consent à travailler et sur lesquels aucune saisie ne peut être pratiquée, ayant en un mot été entretenu, nourri, chauffé, sans qu'il ne lui en coûte rien et avec la facilité d'emporter des bénéfices ; de l'autre, au contraire, le créancier aussi peu fortuné souvent que son agresseur, auquel des débourses nombreux auront été imposés pour faire valoir ses droits, obligé encore de pourvoir à la nourriture de son débiteur s'il veut que la contrainte soit mise à exécution contre lui.

A notre avis, c'est là un des premiers points auxquels le législateur devrait apporter remède. Le contraignable comme les autres prisonniers, devrait être soumis au travail, grâce auquel le créancier serait non seulement exempté de consigner les aliments, mais pourrait encore obtenir en partie du moins, le paiement de l'indemnité qui lui est due. Quoi de plus juste en effet que par son travail le délinquant gagne son entretien, et vienne réparer le dommage qu'il a causé.

Notre législation ne serait pas la première à adopter ce système. En Espagne, la victime de l'infraction a des droits sur les gains des condamnés. De même en Portugal, une loi du 1er juillet 1867, attribue à la partie lésée un quart du pécule du condamné. L'avant-projet du Code fédéral suisse, donne également au juge la faculté de disposer en sa faveur d'une quote-part du pécule du détenu, mais jusqu'à concurrence de la moitié seulement. Les comptes rendus des divers congrès pénitentiaires, nous montrent aussi que presque tous les criminalistes reconnaissent la nécessité d'accorder une partie du pécule à la victime de l'infraction. Au Congrès de Rome, qui s'est tenu en 1885, M. Enrico Ferri a demandé qu'une fois les dépenses d'entretien payées, les deux tiers du pécule soient alloués aux parties lésées (1). M. Zucker, au Congrès de Paris, est allé encore plus loin, et a proposé de le leur attribuer en entier, déduction faite d'une partie qui serait accordée à la famille du détenu (2). Récemment, MM. Flandin et Boallaire (3) se sont faits les propagandistes de cette idée.

(1) *Actes du congrès pénitentiaire de Rome*. Compte rendu des séances, I, p. 425.

(2) *Congrès pénitentiaire de Paris*, 1895.

(3) *Revue pénitentiaire*, 1892.

Convient-il de dire avec MM. Enrico Ferri et Zucker, que la plus grande partie du pécule devra être attribuée à la partie lésée? Nous ne le pensons pas. Enlever au débiteur tout droit sur les gains qu'il réalise serait le vouer à la récidive à sa sortie de prison, et priver sa famille des secours qu'elle attend quelquefois de lui. Le soin de déterminer la part revenant à la partie lésée pourrait être laissé à l'appréciation des tribunaux, et si des règles fixes paraissaient préférables à cet égard, on pourrait décider semble-t il, qu'après paiement des dépenses d'entretien, le pécule se divisera en deux parts égales, l'une allouée à la partie lésée, l'autre restant à la disposition du contraignable.

La concession au délinquant d'une part de ses bénéfices, ne constituera pas toujours un stimulant suffisant à son activité. Certains feront preuve de mauvaise volonté, ou se résigneront difficilement à la besogne qu'on leur impose. Vis à vis de ces derniers on ne devrait pas rester désarmé, et comme sanction, nous proposerions de les soumettre à un régime plus dur que celui des autres détenus, jusqu'au moment où ils consentiraient à travailler. On pourrait décider en outre, que la durée de l'emprisonnement qu'ils subissent sera porté à un maximum fixé d'avance par le juge dans les limites tracées par la loi.

Est-ce à dire qu'avec un pareil système, l'Etat ou la partie lésée obtiendront toujours le paiement de leur créance? Non assurément.

Il ne faut pas oublier que le travail dans les prisons n'est pas très productif : beaucoup de délinquants sont inhabiles à tous les métiers, la durée de la contrainte n'est pas assez longue pour que le détenu puisse gagner de grosses sommes, et une partie du pécule doit lui revenir. Mais quelles améliorations n'aura-t-on pas réalisé et combien l'usage de la contrainte sera rendu plus facile pour le créancier ! L'obligation au travail, à laquelle sera soumis le contraignable, aura pour résultat de le dispenser de pourvoir aux aliments de ce dernier et lui permettra d'obtenir, du moins en partie, le paiement de ce qui est lui est dû, sans compter que la facilité avec laquelle il pourra recourir à la contrainte donnera à réfléchir au débiteur et l'amènera le plus souvent à s'exécuter.

Un autre reproche que nous avons adressé à notre législation, c'est celui de rendre trop facile la preuve de l'insolvabilité. On sait qu'elle résulte du fait qu'on peut produire un certificat d'indigence délivré par le maire et un extrait du rôle des contributions attestant qu'on n'est pas imposé pour plus de six francs. Ces justifications sont insuffisantes, et devraient être complétées par une enquête administrative ou judiciaire qui donnerait plus de force et d'autorité aux preuves qui ont été produites

A l'égard des condamnés dont l'insolvabilité aurait été ainsi constatée, on ne pourrait recourir à la contrainte qu'après un certain délai. Il faudrait, auparavant, leur accorder le temps et les moyens de se libérer. A cet effet, dans le jugement de condamnation qui interviendrait, le juge tenant compte de leur situation de famille, et de la rétribution du travail qu'ils accomplissent, déterminerait pour le cas où la preuve de l'insolvabilité serait faite, la quote-part des bénéfices qu'ils devraient verser mensuellement à leur créancier. Tant que le condamné s'acquitterait régulièrement, le créancier serait dans l'impossibilité de recourir à la contrainte. Elle n'interviendrait qu'au cas où il n'exécuterait pas les obligations qui lui auraient été imposées. La mauvaise volonté du délinquant justifierait cette mesure de rigueur, et suivant la règle générale que nous avons posée il devrait être astreint au travail, au même titre que les autres prisonniers.

CONCLUSION

Telles sont les améliorations qui nous paraissent devoir être introduites dans le domaine de la contrainte par corps. Elles n'auront point pour effet de faire disparaitre complètement les défauts de notre législation actuelle, mais, du moins, elles les atténueront dans une certaine mesure. La transformation de la contrainte en emprisonnement subsidiaire comme sanction de l'amende, avec la facilité donnée au condamné d'échapper à cette mesure de rigueur en se libérant par acomptes ou au moyen de prestations personnelles, assurera une meilleure répression et facilitera à l'Etat le paiement de sa créance. Appliquée au recouvrement des dommages et intérêts, restitutions et frais, la contrainte ne restera plus un moyen d'action dérisoire, sans utilité pratique pour le créancier. Son usage sera rendu plus facile par la dispense accordée à la victime de l'infraction de pourvoir aux aliments du détenu, et l'attribution qui lui sera faite d'une quote-part des bénéfices réalisés par ce dernier.

Les délinquants qui se trouveront soumis à cette voie d'exécution, ou à l'égard desquels on aura eu recours à l'emprisonnement subsidiaire, n'auront pas le droit de se plaindre de la situation qui leur sera faite, puisqu'ils avaient la faculté de se libérer par le travail, et que leur mauvaise volonté seule, ou leur obstination à ne point faire connaître les ressources dont ils disposent, seront les seules causes de l'emploi à leur égard de ces moyens rigoureux.

Sans doute on préférerait une société qui pourrait se passer d'un moyen de coercition tel que la contrainte par corps. Pour aussi juste et aussi nécessaire que paraisse la réparation du dommage causé par l'infraction, il semble que les progrès de notre civilisation rendent difficile à concevoir l'intervention de l'Etat dans les intérêts privés, dans le but d'amener le débiteur à payer et de le séquestrer s'il ne s'exécute point.

En l'état actuel des choses cependant, il y aurait, croyons-nous, danger à supprimer la contrainte par corps. Avant d'en arriver à ce point, notre législation a besoin de réaliser de nouveaux progrès et d'asurer une protection plus efficace aux intérêts lésés. Qu'elle étende le champ des garanties accordées à la victime de l'infraction, qu'elle rende possible la transmission pénale des obligations, qu'elle permette de frapper non seulement les auteurs et complices du délit, mais encore leurs héritiers, qu'un droit de poursuite plus étendu soit accordé contre les personnes civilement responsables, que le nombre des sûretés réelles soit augmenté, mais tant que ce progrès ne sera point réalisé, que l'on laisse entre les mains de la partie lésée la seule garantie dont elle puisse utilement disposer, la contrainte par corps, mieux organisée, et rendue plus facile dans ses applications.

Vu : *Le Président de la Thèse*,

G. VIDAL.

Vu : *Le Doyen de la Faculté de Droit*,

J. PAGET.

Vu et permis d'imprimer :

Toulouse, le 24 novembre 1899,

Le Recteur, Président du Conseil de l'Université,

PERROUD.

TABLE DES MATIÈRES

BIBLIOGRAPHIE.................................... 5

INTRODUCTION

Définition de la contrainte par corps. — De sa suppression en matière civile et commerciale. — Raisons de son maintien en matière criminelle, correctionnelle et de simple police. — Division du sujet........... 9

PREMIÈRE PARTIE

CHAPITRE PREMIER

CARACTÈRES DE LA CONTRAINTE PAR CORPS

Du caractère attribué par le législateur à la contrainte par corps. — Elle peut être envisagée comme une peine ou comme une voie d'exécution. — Prédominance de ce dernier caractère. — Intérêt de la question en matière de faillite et d'amnistie........... 15

CHAPITRE II

DES CAS ET CONDITIONS D'APPLICATION DE LA CONTRAINTE PAR CORPS

La contrainte ne peut être appliquée tant qu'une infraction n'a pas été établie et reconnue constante vis-à-vis du débiteur. — Conséquences du principe. — Elle est inapplicable envers l'accusé acquitté et condamné à des dommages intérêts, la partie civile et les personnes civilement responsable. — Exposé du système d'après lequel elle pourrait être exercée en ce qui concerne le recouvrement des frais de justice. Réfutation. — Il n'est point nécessaire qu'une peine ait été prononcée pour que la contrainte s'applique. — Exemples. — La contrainte ne s'applique aux réparations prononcées par un tribunal civil que si l'infraction a été reconnue, au préalable, par la juridiction criminelle........................... 18

CHAPITRE III

DES INFRACTIONS ET DES CONDAMNATIONS QUI ENTRAINENT L'EXERCICE DE LA CONTRAINTE PAR CORPS

Section première. — Amendes. — Distinction entre les amendes du droit civil et celles du droit pénal. — Des amendes prononcées en matière fiscale. — Leur caractère. — Des amendes prononcées par des tribunaux civils et dont connaissent ordinairement les tribunaux répressifs. — Des amendes prononcées par les conseils de préfecture...................... 25

Section II. — Restitutions........................ 31

Section III. — Dommages-intérêts.................. 32

Section IV. — Frais. — Restrictions apportées par la loi de 1867 en ce qui concerne les frais dus à l'Etat. — Loi du 19 décembre 1871.................... 33

CHAPITRE IV

DES PERSONNES CONTRAIGNABLES PAR CORPS

Section première. — Règles générales............... 35

Section II. — Des restrictions apportées par la loi de 1867 à l'exercice de la contrainte par corps......... 37

I. — Causes de dispense : Mineurs. — Parents et alliés. 37

II. — Causes de suspension : Mari et femme. — Enfants mineurs du débiteur. — Faillite. — Libération conditionnelle, controverse........................ 41

III. — Causes de réduction : Insolvables. — Sexagénaires. — Règle du non cumul des contraintes. 43

CHAPITRE V

FIXATION DE LA DURÉE DE LA CONTRAINTE PAR CORPS

Section première. — Détermination de sa durée. — La contrainte est encourue de plein droit. — Sa durée doit être déterminée d'une manière précise. — Quid si le juge omet de la déterminer ? controverse. — De l'appel du chef de la contrainte par corps. — Quid si la décision sur le fond est en dernier ressort ? controverse.................................. 48

Section II. — Calcul de la durée de la contrainte par corps. — Règles de la durée de la contrainte. —

Condamnations solidaires. — Paiement partiel de la condamnation. — Les décimes entrent-ils dans le calcul de la durée? controverse. — De la confusion des contraintes. — Contrainte par corps et peines perpétuelles.................................. 53

Section III. — Règles spéciales à certaines matières pour le calcul de la durée de la contrainte par corps. — Droit spécial en matières de simple police, forestière et de pêche fluviale................... 62

CHAPITRE VI

EXÉCUTION DE LA CONTRAINTE PAR CORPS

Section première. — Des créanciers auxquels est réservé le droit d'exercer la contrainte par corps. — Etat et administrations publiques. — Le droit d'exercer la contrainte n'est pas attaché à la personne. — Héritiers. — Cessionnaire de la créance. — Cessionnaire de l'action civile née de l'infraction, controverse.... 66

Section II. — Procédure d'exécution de la contrainte par corps................................... 70

I. — Formalités préliminaires de l'arrestation. — Du commandement. — De ses formes. — Demande d'incarcération. — Réquisitoire d'incarcération........ 71

II. — De l'arrestation. — Ses règles. — Moyens ouverts au débiteur contre l'exercice de la contrainte....... 74

III. — De l'incarcération. — Lieu où elle est subie. — Consignation des aliments. — Régime des contraignables. — Recommandation. — Ses effets. — Procédure relative aux demandes en nullité de l'incarcération.................................. 80

IV. — De l'élargissement. — Cas d'élargissement. — Extinction de la créance. — Paiement et consignation. — Amnistie, controverse. — Caution. — Alliance. — Consentement du créancier. — Faillite. — Défaut de consignation des aliments. — Cession de biens, controverse. — Formes à suivre pour obtenir l'élargissement.................................... 87

CHAPITRE VII

LÉGISLATION ÉTRANGÈRE SUR LA CONTRAINTE PAR CORPS

Allemagne. — Angleterre. — Belgique. — Danemark. — Grèce. — Hongrie. — Italie. — Luxembourg. — Pays-Bas. — Portugal. — Russie. — Suède. — Norwège. — Suisse. — Etats-Unis.............. 94

DEUXIÈME PARTIE

CHAPITRE PREMIER

DES DISPOSITIONS QUI NUISENT A L'EFFICACITÉ DE LA CONTRAINTE PAR CORPS

Ses règles. — Dispositions qui paralysent leur effet. — Réduction de la moitié de sa durée en faveur des insolvables. — Insuffisance des preuves de l'insolvabilité. — Confusion des contraintes. — Consignation des aliments. — Situation désavantageuse faite à la victime de l'infraction........................... 105

CHAPITRE II

DES AMÉLIORATIONS QUI POURRAIENT ÊTRE INTRODUITES DANS LE DOMAINE DE LA CONTRAINTE PAR CORPS

Section première. — Dispositions générales......... 109

Section II. — De la transformation de la contrainte par corps en emprisonnement subsidiaire pour le recouvrement des amendes. — Différence de la contrainte et de l'emprisonnement subsidiaire. — Avantages de ce dernier. — Faculté laissée au condamné de se libérer par acomptes ou des prestations en nature. — Législation étrangère.......................... 110

Section III. — Des améliorations qui pourraient être apportées au régime de la contrainte par corps appliquée au recouvrement des dommages-intérêts et frais. — Assujettissement des contraignables au travail — Dispense pour le créancier de consigner les aliments. — Attribution au créancier d'une quote-part des bénéfices réalisés par le contraignable. — Législation étrangère. — Preuves de l'insolvabilité. — Des dispositions à prendre vis-à-vis des insolvables......... 115

CONCLUSION.................................. 120

Toulouse. — Imp. Saint-Cyprien, allées de Garonne, 27

www.ingramcontent.com/pod-product-compliance
Ingram Content Group UK Ltd.
Pitfield, Milton Keynes, MK11 3LW, UK
UKHW021058260726
13994UKWH00002B/565

9 782329 459509